ECONOMICS

물가의 경제학

ECONOMICS
물가의 경제학

―――――― 홍완표 지음 ――――――

머리말

우리들이 TV나 신문의 경제뉴스를 통해서 가장 많이 듣는 경제용어는 물가, 금리, 환율, 이런 것들이 아닐까? 그래서 이들 용어에 대한 이해를 높이기 위해서 경제학 교과서를 들쳐보면, 혼자의 노력만으로 이에 대해 공부하는 것이 결코 간단치 않다는 것을 금세 알게 된다. 이들 경제변수들을 체계적으로 설명한 교과서들은 대개 대학교에서 한 학기나 두 학기 동안의 강의용으로 개발된 것들이다. 여러 가지 사정으로 이런 종류의 경제학 교과서에 의지해서 경제공부를 하기 어려운 사람들에게 적당한 경제학 교재가 그리 많지 않은 것이 우리의 솔직한 현실이 아닐까 한다.

이런 동기에서 이 책은 시작되었다. 독자들이 처한 여건은 다양할 것이다. 한 가지 주제로 서너 시간씩 계속해서 집중적으로 공부할 여유가 없는 경우도 있다. 또 복잡한 수식이나 그래프를 사용한 설명보다는 우리 주변에서 흔히 일어나는 사건들을 예로 들어 경제문제를 생각하고 싶은 경우도 있을 것이다. 그러면서도 한 가지 주제로 보다 다양하면서 깊이 있는 경제공부를 하고 싶은 경우도 있을 것이다. 필자는 이런 사정들을 모두 고려해서 대학에서 정규 경제학 수업 없이도 우리 주변에서 흔히 볼 수 있는 경제문제를 이해할 수 있게 해주는 책을 쓰고 싶었다. 찻집에서 누구를 기다리며, 혹은 출퇴근 지하철 안에서 잠시 잠시 시간을 내어가면서도 볼 수 있는 종류의 경제학 책을 쓰고 싶었다. 호랑이 그리려다 고양이 그린 격이 아닌지 두려운 생각이 앞서는 것이 사실이다.

이 책은 물가에 관련된 경제문제 만을 집중적으로 다루고 있다. 비슷한 방식으로 금리문제 만을 다룬 지난 번 출판(금리의 경제학, 신론사, 2008)에 이어 두 번째 시도가 된다. 여건이 허락된다면 환율문제에 대해서도 동일한 양식으로 세 번째 출판을 시도해 보는 욕심을 갖고 있다. 이 같은 시도는 필자에게 생각보다 많은 시간과 노력을 요하는 일이었다. 필자가 재직하는 대학의 야간반에 출석하는 학생의 대부분은 낮에는 직장에서 열심히 일해야 하는 30, 40대 이상의 취업자들이다. 앞서 말한 이 책을 쓰게 된 동기도 이들이 처한 상황을 조금이나마 이해하면서 생기기 시작했다. 필자의 이런 노력이 이들에게 적게나마 도움이 된다면 큰 보람이라고 생각한다.

이 책이 나오기까지는 주변에 여러 분들의 도움이 있었다. 오자와 탈자를 꼼꼼히 검토해 준 인제대학교 국제경상학부 박민아 양을 비롯한 이들 모두에게 깊은 감사를 표한다. 그러나 이 책의 모든 허물은 전적으로 본인의 부족함에서 비롯된 것임도 분명히 하고 싶다. 이 책이 나오기까지 정성을 다해 준 도서출판 신론사의 모든 관계자분들에게도 특별한 감사를 드린다.

분성산 기슭 연구실에서
2009. 6.

차 례

Part 1 물가수준

01	물가의 개념 • 12
02	물가수준과 물가변동률 • 16
03	디플레이터 • 19
04	물가지수의 활용 • 22
05	장바구니물가 • 25
06	소비자물가지수 활용의 한계 • 28
07	서울의 물가수준 • 31
08	물가수준의 국제비교 • 34
09	빅맥 가격으로 본 물가비교 • 38
10	스타벅스 커피가격으로 본 물가비교 • 41
11	물가상승률과 금리 • 43
12	기대인플레이션의 측정 • 47
13	물가수준예측 • 50
14	물가연동계약제 • 53
15	물가연동채권 • 56
16	소득세 물가연동제 • 59
17	물가변동 계약금액조정제도 • 63
18	원가연동제 • 66
19	물가의 결정요인 • 72
20	화폐수량설 • 75
21	통화와 물가-물가변동의 원인 • 78
22	통화와 물가-다양한 시각들 • 81
23	케인즈의 물가이론 • 85
24	빅셀의 물가이론 • 88

Part 2
디플레이션

01 디플레이션의 정의 · 92
02 디플레이션의 공과 · 95
03 디플레이션의 해악 · 98
04 부채-디플레이션 · 101
05 디플레이션의 파괴적 영향 · 105
06 'D'의 공포 · 109
07 글로벌 디플레이션 · 112
08 디플레이션 대책 · 115
09 디플레이션과 통화재팽창 · 118
10 디플레이션과 미국 달러화 · 121
11 디플레이션과 국채 · 124
12 디플레이션과 금값 · 127
13 일본 디플레이션의 원인 · 130
14 경제위기와 재정의 역할 · 134

Part 3
인플레이션

01	인플레이션의 개념 • 140
02	인플레이션과 디스인플레이션 • 143
03	인플레이션의 비용 • 146
04	케인즈의 인플레이션 비용 • 150
05	초인플레이션의 비용 • 152
06	볼리비아의 초인플레이션 • 155
07	짐바브웨의 초인플레이션 • 158
08	세계화와 인플레이션 • 161
09	글로벌 인플레이션의 안정 • 164
10	변화하는 인플레이션의 특성 • 168
11	애그플레이션 • 171
12	인플레이션과 주가 • 175
13	물가와 경기 • 178
14	골디락스와 스태그플레이션 • 181
15	인플레이션과 미국 달러화 • 184
16	일본엔화의 미래 • 188
17	중국의 인플레이션 • 191
18	고물가, 고금리, 고환율의 악순환 • 194
19	인플레이션이론의 발전 • 197
20	통화론자의 인플레이션이론 • 201
21	프랑스와 미국의 지폐남발 • 204
22	독일의 지폐남발 • 207
23	헝가리와 그리스의 지폐남발 • 211
24	초인플레이션의 발생원인 • 215

Part 4 물가정책

01 물가안정대책 • 220
02 미국의 디스인플레이션 • 223
03 미국의 인플레이션과 실업 • 226
04 희생률 • 229
05 희생률의 추계 • 232
06 물가안정목표제 • 235
07 근원인플레이션 • 239
08 우리나라 물가변동의 특징 • 242
09 유연한 물가안정목표제 • 245
10 중앙은행의 독립성과 인플레이션 • 249
11 디노미네이션 • 253
12 물가와 환율제도 • 256
13 통화위원회제도 • 259
14 달러화 통용제도 • 263

part 1

물가수준

01 물가의 개념

물가(prices)란 시장에서 거래되는 개별 상품의 가격을 경제생활에서 차지하는 중요도 등을 고려하여 평균한 종합적인 가격수준을 말한다. 또, 물가지수(price index)는 이러한 물가의 움직임을 알기 쉽게 지수화한 경제지표를 일컫는다. 지수는 통상 기준이 되는 시점의 지수를 100으로 해서 비교시점의 수치를 나타내는데, 이를테면 어느 특정시점의 물가지수가 115라면 이는 기준시점보다 물가수준이 15% 높은 것을 의미한다.

물가지수는 우리 몸의 체온을 재는 온도계에 비유되기도 한다. 우리 몸이 불편하면 먼저 체온계로 몸의 열을 재어본 후 열이 높으면 일단 건강에 이상이 있다고 판단한다. 이같이 물가지수가 갑자기 큰 폭으로 오르기 시작한다면 생산, 소비, 투자 등 국민경제의 안정성에 어떤 문제가 생겼다고 보고 그 원인을 분석하기 때문이다.

물가의 상승 정도를 알려주는 물가지수는 쓰임새에 따라 매우 다양하다. 현재 우리나라에서 작성되고 있는 물가지수로는 통계청에서 작성하는 소비자물가지수(CPI, consumer price index), 한국은행에서 작성하는 생산자물가지수(PPI, producer price index), 수출입물가지수(export and import price index) 및 GDP디플레이터, 농협중앙회에서 작성하는 농가 판매및구입가격지수 등이 있다.

「소비자물가지수」는 대표적인 인플레이션지표로서 소비자가 일상 소비생활에서 구입하는 재화와 서비스의 가격 변동을 조사함으로써 도시가계의 평균적인 생계비나 화폐의 구매력 변동을 측정할 수 있다. 한편 1995년 기준지수부터는 소비자물가지수의 보조지표로서「생활물가지수」가 작성되고 있는데 소비자물가 조사대상 품목 중에서 일반 소비자들이 자주 구입하는 기본 생필품 156개를 선정하여 이들 품목의 평균적인 가격변동을 나타낸다. 이는 소비자가 피부로 느끼는 장바구니 물가에 보다 근접한 물가지수이다.

「생산자물가지수」는 국내에서 생산된 상품과 기업서비스가 국내시장에 출하되어 1차 거래단계에서 기업상호 간에 이루어진 가격의 변동을 측정하는 물가지수이다. 1910년부터 편제하고 있는 우리나라에서 가장 오래된 통계 중 하나로서 작성 초기부터 1991년까지「도매물가지수」란 이름으로 발표되었으나 1990년 기준지수부터는 그 명칭을 가격조사단계(생산자출하단계)에 부합하도록 생산자물가지수로 변경하였다. 소비자물가지수보다 포괄범위가 넓어 전반적인 상품의 수급동향을 반영하고 있다. 한편 생산자물가지수의 보조지수인「가공단계별 물가지수」*(stage of processing price index)는 국내시장에 공급되는 모든 재화를 원재료, 중간재, 최종재 등의 가공단계별로 구분하여 가격동향을 조사함으로써 물가의 파급과정을 단계별로 파악할 수 있도록 만들어진 물가지수로서 1980년부터 작성되었다.

---

* 가공단계별 물가지수는 현재 미국, 일본, 캐나다 등 주요 선진국에서 작성 중이며 원재료, 중간재, 최종재로 구분하여 작성됨에 따라 물가파급 과정분석에 활용되는 등 분석가치가 높은 것으로 평가되고 있다.

「수출입물가지수」는 수출입상품의 가격변동을 조사함으로써 국내물가에 미치는 영향을 측정하기 위하여 작성되는 물가지수이다. 이 지표는 수출입 관련업체들의 수출채산성 변동이나 수입원가부담 등을 파악하는 한편, 수출입물가지수의 상호비교를 통하여 가격측면에서의 대외교역조건 등을 측정하는 데에도 이용된다.

「농가판매및구입가격지수」는 농가가 생산한 농산물의 판매가격과 농가의 영농 및 소비생활에 필요한 재화 및 서비스의 구입가격을 조사하여 작성한 특수목적지수로서 농가교역조건 산출을 통해 농촌경제동향 분석 및 농업정책 수립 등을 위한 기초자료로 활용되고 있다.

한편,「GDP디플레이터」는 국민소득 추계시 경상가격에 의한 GDP를 불변가격에 의한 GDP로 나누어 사후적으로 산출되는데 재화와 서비스의 국내거래가격 뿐만 아니라 수출입가격의 변동까지도 포함하기 때문에 가장 포괄적인 물가지수라고 할 수 있다.

이를 보기 쉽게 표로 만들어 비교하면 다음과 같다.

우리나라 주요 물가지수 비교

구분	소비자물가지수	생산자물가지수	수출입물가지수
작성기관	통계청	한국은행	한국은행
작성목적	일반가계가 소비하는 재화가격과 서비스요금의 변동 측정	국내생산자가 산·출하하는 상품 및 서비스의 가격 변동 측정	수출입상품의 가격변동 측정
대상품목	가계소비지출 비중이 큰 소비재와 개인서비스 516개 품목	국내 거래규모가 큰 923개 품목	수출 및 수입규모가 큰 수출 227개, 수입 22개 품목

대상품목 선정기준	2000년 도시가계조사의 품목별 소비지출액 기준 1/10,000이상 거래품목	2000년 개별품목의 국내거래액이 상품은 1/10,000 이상, 서비스는 1/2,000 이상인 품목	2000년 상품별 수출입액기준 1/2,000 이상 거래품목
기준연도	2000년(5년마다 변경)	좌동	좌동
조사가격	소비자구입가격	생산자판매가격	수출입계약가격(수출은 POB, 수입은 CIF 기준
지수산식	라스파이레스식	좌동	좌동
이용범위	소비자의 생계비 변동 파악, 노사간 임금조정 기초자료 등	시장동향분석, 구매 및 판매계약, 예산편성 및 심의, 자산재평가 등	수출입상품의 가격변동이 국내물가에 미치는 영향의 측정

자료 : 알기쉬운 경제지표 해설, 한국은행, 2006. p.85 참조.

02 물가수준과 물가변동률

 물가수준과 물가변동률은 우리의 일상생활에서 가장 흔히 쓰이는 통계적 개념이면서도 간혹 잘못 이해되어 경제현상의 해석상 오류를 초래하는 경우가 많다. 물가수준이란 일정시점에서의 물가의 높낮이를 의미하고 물가변동률이란 어느 기준시점에 대한 비교시점에서의 물가증감률을 의미한다. 물리학에 비유하자면 물가수준이 어떤 물체가 얼마나 높이 놓여있느냐를 측정하는 지표라면, 물가변동률은 이 물체가 얼마나 빠르게 움직이고 있느냐의 속도를 나타내는 지표라고 할 수 있다. 이런 점에서 물가수준과 물가변동률은 전혀 다른 개념인 셈이다.

예를 들어, 2005년과 2009년의 생산자물가지수가 각각 110, 120인 경우를 생각해 보자. 이 때 2009년의 생산자물가지수의 수준은 120이고, 생산자물가의 변동률(상승률)은 9%[*]가 된다. 변동률 및 수준과 관련하여 한 가지 유의할 점은 물가수준이 높다고 물가변동률이 반드시 높다고 할 수 없다는 것이다. 일반적으로 선진국의 물가수준은 개발도상국에 비해서 높지만, 물가상승률(물가변동률)의 경우에는 그 반대인 경우가 많다.

---

* $\dfrac{120-110}{110} \times 100 = 9\%$

물가수준과 물가변동률의 개념은 인플레이션의 해석과 관련하여 매우 중요한 역할을 한다. 인플레이션은 통상 물가수준의 지속적 상승현상으로 정의되는데, 예컨대 5년간 A, B, 두 나라의 물가지수가 각각 A국은 100, 110, 120, 130, 140으로 주어지고, B국은 100, 140, 140, 140, 140으로 주어졌다고 한다면 A국, B국 모두 마지막 해의 물가지수가 140으로 동일하지만 A국은 매년 물가지수가 지속적으로 상승하고 있으므로 인플레이션 현상이 나타났다고 말할 수 있다. 그러나 B국은 한 해에만 물가지수가 40% 상승하고 그 다음해부터는 전혀 상승하지 않았으므로 인플레이션 현상이 나타나지 않고 있는 것이다.

한편 변동률 자체변화의 크기를 비교할 때 흔히 쓰이는 개념으로 퍼센트 포인트(% point)라는 용어를 사용하기도 한다. 이는 비교시점에서의 변동률에서 기준시점의 변동률을 차감하여 나타낸다.

예를 들면 세 기간의 물가상승률이 0.5%, 2.7% 및 1.5%라고 가정하자. 두 번째 기간에는 물가상승률이 첫 번째 기간에 비해서 2.2% 포인트(=2.7% - 0.5%) 증가하였으며,* 세 번째 기간에는 두 번째 기간에 비해서 1.2% 포인트(=1.5% - 2.7%) 감소하였다고 말한다.** 퍼센트 포인트는 계산이 간편하며, 변동률의 대략적인 추이를 장기간에 걸쳐 알아보려할 때에 유용하게 쓰이는 개념이다.

또 물가통계에서 많이 사용하는 용어로 전월(기)비 증감률이 있다. 전월(기)비 증감률은 1개월(분기) 전을 기준시점으로 계산한 변동률을 말

---

* 엄밀한 의미에서 물가변동률은 +440% (=〔2.7%-0.5%〕/ 0.5%) 변화된 셈이다.
** 이 또한 엄밀한 의미에서는 물가변동률이 -44% (=〔1.5%-2.7%〕/ 1.5%) 변화된 셈이다.

한다. 이들은 주로 원자료에서 계절변동을 제거하는 계절변동조정통계에 적용된다. 전년동월(기)비는 1년 전의 같은 월(분기)과 비교한 변동률이며, 전년대비 증감률은 연간통계의 변동률이다.

이 밖에도 통화지표, GDP, 물가지표 등과 같은 경제변수들에 대해서는 비교기준이 1년인 전년동월(기)비 외에 전월(기)비 증감률을 연간 개념으로 환산한 변동률을 사용하기도 하는데 이를 연율이라고 한다. 연율은 해당 월(분기)의 증가추세가 1년 동안 지속된다는 가정 하에 사용된다. 예를 들어 전분기대비 물가상승률이 1.5%라고 한다면 연율은 $(1.015)^4-1=0.061$, 즉 6.1%가 된다. 또한 전월비대비 물가상승률이 0.5%라고 한다면 연율로는 $(1.005)^{12}-1=0.062$, 즉 6.2%가 된다.

03 디플레이터

어떤 근로자의 월급이 5% 올랐다고 생각해 보자. 그런데 전반적인 물가수준도 5% 올랐다면, 이 근로자는 자신의 월급이 오른 것에 특별히 기뻐할 이유가 없을 것이다. 명목월급액은 커졌지만, 실질월급액은 변하지 않았기 때문이다. 즉 명목월급액의 인상률은 5%이지만, 실질월급액 인상률은 0%가 된다. 현실적으로 명목금액에서 가격상승분을 제거하여 실질금액으로 계산하여 볼 필요가 있는 경우가 자주 생긴다. 이같이 명목금액을 실질금액으로 환가할 때 사용하는 가격지수를 디플레이터(deflator)라고 한다.

즉 명목임금을 실질임금으로 환가할 때 소비자물가지수를 가격지수로 사용하였다면 소비자물가지수가 (임금)디플레이터인 것이다. 또 제조업체의 명목매출액을 실질매출액으로 환가할 때 생산자물가지수를 가격지수로 사용하였다면 생산자물가지수가 (매출액)디플레이터가 된다.

예를 들어 우리나라 제조업 부문 근로자의 월평균임금이 2005년에 150만원에서 2009년 180만원으로 20% 상승한 경우를 생각해 보자. 그 동안 물가도 올랐으므로 실질임금상승률은 이 20%보다는 적을 것이다. 따라서 실질임금증가율을 계산하려면 2009년 임금을 우선 2005년 가치로 환산해야 한다. 소비자물가지수가 2005년 100에서 2009년 12% 상승한 경우를 가정해 보자. 이 경우 2009년의 실질임금은 2005년 기준으로 160.17만원(=180만원/1.12)이 된다. 따라서 실질임금증가율은 6.78%[*]가 되어 단순한 명목임금액으로 비교한 상승률 20%보다 훨씬 낮게 나타난다.

실질임금 = 명목임금/임금디플레이터(=1+소비자물가지수상승률)

디플레이터 중에 가장 널리 알려진 것이 국내총생산(GDP)디플레이터인데 GDP디플레이터와 국내총생산(GDP) 사이에는 다음과 같은 관계가 성립한다.

GDP 디플레이터 = 명목GDP/실질GDP

국내총생산은 한 나라에서 일년 동안에 생산된 모든 재화와 용역의 생산량을 나타내는 경제지표이므로 GDP디플레이터는 국내총생산에 영향을 주는 모든 물가요인 즉 생산자물가지수(PPI), 소비자물가지수(CPI) 뿐만 아니라 환율, 임금 및 기타의 물가지수까지도 포함하는 가장 광범위한 종합적인 물가지수로서 GDP라는 상품의 가격을 나타내준다고 이해할 수도 있다.

그러나 GDP디플레이터는 파쉐(Paasche)식 가중치 즉, 변화하는 가중치방식을 따른다는 점에서 고정된 가중치방식을 따르는 소비자물가지수나 도매물가지수 등과는 그 성격이 다르다는 점을 기억해야 한다.

---

[*] 실질임금증가율(%) = $\dfrac{2009년\ 실질임금 - 2005년\ 실질임금}{2005년\ 실질임금} \times 100$

$= \dfrac{160.17만원 - 150만원}{150만원} \times 100 = 6.78\%$

명목GDP는 모든 재화에 대해서 (비교연도의 각 재화의 가격)×(비교연도의 각 재화의 생산량)의 값을 모두 합한 값을 의미한다. 반면 실질GDP는 모든 재화에 대해서 (기준연도의 각 재화의 가격)×(비교연도의 각 재화의 생산량)의 값을 모두 합한 값을 의미한다. 실질GDP와 명목GDP의 차이점은 바로 기준연도와 비교연도 사이의 물가변동 반영여부에 있다. 모든 각 재화생산량은 비교연도의 생산량으로 고정되기 때문이다.

이는 소비자물가지수나 생산자물가지수와 같이 라스파이레스(Laspeyres)식 즉, 고정된 가중치방식과는 대비된다.

소비자(생산자)물가지수 = {(올해물가 × 기준연도의 고정된 상품묶음) / (기준연도물가 × 기준연도의 고정된 상품묶음)} × 100

여기서 고정된 가중치라고 부르는 것은 기준연도의 고정된 상품묶음을 사용해서 소비자물가나 생산자물가를 구하기 때문이다. 이 상품묶음은 기준연도를 변경시키지 않는 한 항상 일정하므로 고정된 가중치라고 할 수 있다.

04 물가지수의 활용

물가지수는 한 나라의 경제동향 분석이나 경제정책수립 등에 필요한 기초자료가 됨은 물론 개인이나 기업의 입장에서도 매우 유용하게 활용된다. 구체적으로는 화폐의 구매력 측정수단, 경기동향 판단지표, 명목가치를 실질가치로 환산하는 디플레이터(deflator)로서의 기능, 그리고 전반적인 상품수급 동향 파악의 용도로 나누어 볼 수 있다.

먼저, 물가지수는 화폐의 구매력을 측정할 수 있는 수단이 된다. 만일 시장에서 물가가 지속적으로 상승하는 경우 구입할 수 있는 상품의 양은 물가 오르기 전보다 감소하게 되므로 돈의 가치 즉, 화폐의 구매력은 떨어지게 되며, 반대로 물가의 하락이 계속되면 화폐의 구매력은 증대하게 된다. 따라서 우리는 물가수준 중 주로 물가지수를 이용하여 물가의 변동에 따른 화폐의 실질적인 구매력의 변화를 측정할 수 있다.

예를 들어 이를 설명해 보자. 2000년을 기준년도로 가정하는 경우, 2009년 소비자물가지수가 125라면 2000년의 기준치 100에 비해서 그 동안 소비자물가가 대략 25% 상승했음을 의미한다. 또, 이는 2000년에 100원으로 구입할 수 있던 물품을 2009년에는 125원을 지불해야 구입할 수 있다는 것을 의미한다. 화폐의 구매력이 25%만큼 하락했음을 의미하는 것이기도 하다.

둘째, 물가지수는 경기판단지표로서의 역할을 한다. 일반적으로 물가는 경기가 상승국면에 있는 경우에는 수요증가에 의하여 상승하고 하강국면에서는 수요감소로 하락하게 된다. 따라서 물가지수는 이러한 경기동향을 민감하게 반영하여 움직이기 때문에 때로는 경기판단지표로서 활용될 수 있다. 통상 물가상승률이 평시보다 높아지면 경기가 활황국면에 있다고 볼 수 있고, 물가상승률이 하락하거나 미미할 경우 경기가 침체국면에 있다고 판단할 수 있다. 그러나 간혹 경기가 침체국면에 있음에도 물가가 상승하는 경우가 생길 수 있는데, 이런 경우를 스태그플레이션(stagflation)이라고 부른다. 또한 경기가 활황국면에 있음에도 물가가 오히려 하락하거나 안정되는 경우도 있는데 이 경우가 생기면 경제정책 당국에게는 이보다 더 좋을 수 없는 행복한 시절이라고 볼 수 있다. 지난 1990년대 세계경제가 이러했는데 이 시기를 '골디락스(Goldilocks)'*라고 부른다.

셋째, 물가지수는 디플레이터(deflator)로서의 기능을 갖는다. 우리는 금액으로 표시되어 있는 통계자료를 다룰 때 현재의 금액을 과거 어느 시점의 금액으로 환산할 필요성을 종종 느낄 때가 있다. 이 경우 흔히 물가지수를 이용하게 되는데 구체적으로는 현재의 금액을 두 기간 사이의 물가지수 비율로 나누어 과거시점의 금액으로 환산할 수 있다.

예로서 1940년 사용된 화폐 10원은 2005년에는 얼마에 해당하는 금액일까? 그 동안 2차례에 걸쳐 화폐개혁(1953년 2월 : 100원→1환, 1962년 6월 : 10환→1원)으로 1940년 10원은 2005년 당시 0.01원으로 변했다.

---

* 금(Gold)과 머리카락(Lock)을 합성해 만들어진 골디락스(Goldilocks)라는 말은 '골디락스와 곰 세 마리'라는 영국의 전래동화에 나오는 금발머리 소녀 골디락스(주인공)의 이름에서 따온 말이다.

또, 소비자물가지수는 1945년부터 작성된 반면, 생산자물가지수는 1910년부터 작성되었기 때문에 편의상 생산자물가지수를 이용하여 비교해 보자. 2000년의 생산자물가지수를 100으로 보았을 때, 1940년에 그것은 0.00006이고, 2005년에는 109.9이다. 2005년의 지수를 1940년의 지수로 나누면 1,831,667(109.9/0.00006)의 값을 얻는다. 그 동안 물가가 이 만큼 올랐다고 보고 0.01원에 이 값을 곱하면 약 18,317원이 된다.

넷째, 물가지수는 상품의 전반적인 수급동향 뿐만 아니라 상품의 종류별 수급동향도 판단할 수 있는 자료를 제공해 준다. 즉, 모든 상품의 가격동향이 종합된 총지수 외에 유사한 상품끼리 묶은 상품군별 지수를 활용하면 부문별 상품수급동향의 분석도 가능하다. 예를 들어 과거 수년 간의 공산품지수와 농림수산품지수를 비교한 결과 공산품지수는 안정적이었으나 농림수산품지수가 계속 올랐다면, 공산품에 비하여 농림수산품의 공급에 어려움이 있었다는 것을 의미하므로 물가안정을 위하여 농림수산품의 증산을 유도하거나 수입물량 확대, 유통구조 개선 등의 시책을 강구하게 된다.

05 장바구니물가

우리는 일상생활 속에서 물가가 오르고 내리는 것을 피부로 느끼며 살고 있다. 주부는 가계부를 쓸 때, 직장인은 점심값과 교통비에서, 학생들은 책과 학용품을 살 때 물가의 움직임을 피부로 느끼게 된다. 이런 물가를 우리는 흔히들 장바구니물가라고 부르기도 한다. 그런데 우리는 일상생활에서 피부로 느끼는 장바구니물가의 상승률보다 물가지수 작성기관에서 발표하는 물가지수의 상승률이 낮다는 느낌을 자주 갖게 된다. 이러한 현상은 일종의 착시현상인 경우가 대부분이다. 그러면 지수물가와 장바구니물가가 차이가 나는 것은 왜 그럴까?

첫째로 개인마다 소비하는 재화와 서비스들이 다르기 때문이다. 지수물가가 여러 가지 상품가격을 일정한 기준에 따라 종합한 평균적인 물가수준인 데 비해 장바구니물가는 개인이 상품을 구입하는 과정에서 주관적으로 느끼는 물가이므로 자주 구입하는 몇몇 품목의 가격변동에 민감하게 움직이는 특징을 보인다. 예를 들어 어떤 시점에서 대학등록금이 많이 올랐지만 기술발전으로 냉장고, TV 등 가전제품 가격이 하락하여 품목들의 평균 가격, 즉 지수물가는 변동하지 않았다고 하자. 그러나 이때에도 피부물가를 기준으로 보면 대학생 자녀를 둔 가정에서 교육비

---

* 이 글은, 알기쉬운 경제지표해설, 한국은행, 2006, pp.96~97를 참조함.

부담의 증가로 물가가 상당히 올랐다고 느끼는 반면, 전자제품을 구입하는 가정에서는 물가가 내렸다고 할 것이다. 즉, 지수물가가 숲 전체를 본 것이라면 피부로 느끼는 물가는 숲 속의 나무 몇 개를 본 것이라고 비유할 수 있다.

둘째로 생활수준의 향상이나 가족 구성원의 변동에 따른 소비지출 증가를 물가상승으로 착각하기도 한다. 소득이 늘어나서 TV나 냉장고를 대형으로 바꾸고 에어컨과 자동차도 새로 구입하였는데, 이때 전자제품 구입비, 전기료, 자동차 보험료, 기름값 등의 지출이 늘어난 것을 물가가 올랐다고 생각하거나, 자녀수의 증가 또는 자녀의 성장에 따라 식비, 의류비 등 생활비가 늘어난 것을 물가가 오른 것으로 혼동할 수 있다.

셋째로 물가지수에는 각 상품에 대하여 국민경제 전체의 입장에서 본 중요도에 따라 가중치를 부여함으로써 그 가중치의 크기에 비례해서 개별상품의 가격변동이 전체물가에 영향을 미치게 되어 있다. 그러나 일반소비자는 구입회수가 빈번한 품목만을 대상으로 하여 가중치를 무시하고 개별상품의 가격변동률을 단순평균하는 경향이 있다. 예를 들어 어느 기간 중에 쌀값이 5%, 콩나물과 조기가 20%씩 올랐다면 일반소비자는 이를 단순평균하여 이 세 가지 상품이 평균적으로 15%정도 올랐다고 생각하기 쉽다. 그러나 소비자물가지수에서 이들의 가중치는 쌀이 53.4, 콩나물과 조기가 각각 1.5와 3.9이므로 실제 평균상승률은 6.4%(= [5%×53.4+20%×1.5+20%×3.9] / [53.4+1.5+3.9])에 불과하다.

넷째로 소비자의 자기중심적 심리도 주요한 요인이 된다. 소비자는 가격이 떨어지거나 적게 오른 상품보다는 가격이 많이 오른 상품을 중심으로 물가를 생각하는 경향이 있으며, 가격의 비교시점도 기준년도의 개념이 없이 개인의 과거 기억에 의존하여 가장 낮았던 시점의 가격을 기준으로 물가를 비교하기 때문에 지수물가와 차이가 날 수 있다. 그리고 물가가 안정되어 있는 경우라도 증권이나 아파트, 토지 등 자산가격이 급격히 상승하는 시기에는 심리적으로 상당한 물가상승을 느끼는 경우가 많다. 게다가 실제 계산과정에서도 동일한 금액이 변동할 경우 내릴 때보다는 오를 때의 변동률이 항상 크게 나타난다. 예를 들면 배추 한 통이 100원에서 150원으로 50원이 오르면 50%가 오른 것이 되지만, 150원에서 100원으로 50원이 떨어지면 33.3%가 하락한 것이 된다.

마지막으로 물가지수 작성방법의 한계도 지수물가와 피부로 느끼는 물가의 차이를 발생시키는 요인이 될 수 있다. 현행 물가지수는 5년마다 기준년을 개편하고 조사대상품목과 이들 품목의 가중치를 조정하고 있다. 이에 따라 기준년에서 멀어질수록 소비지출구조가 바뀔 가능성이 높기 때문에 지수물가와 피부물가 사이에 차이가 확대될 수 있다. 예를 들어 과거에는 통신비의 비중이 작았으나 근년에 들어서는 휴대폰의 보급 확대 등으로 그 비중이 확대되고 있는 추세를 지적할 수 있다.

06 소비자물가지수 활용의 한계

우리는 흔히 소비자물가지수(CPI)를 인플레이션을 나타내는 대표적 지표로 사용한다. 미국에서도 금융정책당국은 금융정책 결정에서 소비자물가지수를 중요한 인플레이션 지표로 사용한다. 미국에서는 모든 법률과 개인들 간의 계약에서 생계비조정(COLAs)규정을 두고 있는데, 이 경우 소비자물가지수를 근거로 생계비변화를 추정한다. 예로 연금수당의 지급은 은퇴자들의 실질소득수준을 보장해주기 위해서 매년 물가상승률에 연동시켜서 조정되는데, 이때 소비자물가수준이 물가상승률을 나타내는 지표로 사용된다.

그러나 많은 경제학자들은 소비자물가수준은 인플레이션 수준을 과대평가하는 경향이 있다는 지적을 하고 있다. 1995년 미국 상원 재정위원회는 Michael Boskin 등 5인의 경제학자들에게 소비자물가지수의 측정 상의 오류를 조사해 주도록 요구했다. 이들은 1996년 "소비자물가지수에 관한 대통령 특별위원회"에 제출한 보고서에서 연간 평균 1% 포인트 이상의 인플레이션이 과장되고 있다고 결론짓고 있다. 그 이유는 다음과 같은 몇 가지로 요약할 수 있다.

---

* 이 글은, Mankiw, N.G., *Macroeconomics 6th* ed., Worth, pp.38~39를 참조함.

첫째, 대체가능성을 고려하지 않고 소비자물가지수가 작성된다는 점이다. 예로 A사의 아이스크림이 소비자물가지수 조사품목 중 하나인데, A사의 아이스크림 가격이 대폭 인상되면 가격이 오르지 않은 B사의 아이스크림으로 대체하거나, 다른 종류의 청량식품으로 대체하여 소비하려할 것이다. 그러나 소비자물가지수는 변함없이 A사의 아이스크림 가격을 기준으로 작성된다. 결과적으로 가격상승에 따른 소비자들의 소비품목 선정의 대체변화가 소비자물가지수 산정에 반영되지 않기 때문이다. 이같이 상대가격이 변화하면 실질생활비용은 소비자물가지수보다 덜 급하게 상승한다.

둘째, 새로운 상품의 도입에 따른 문제점이다. 신상품이 시장에 소개되면 소비자들의 선택폭이 넓어져서 생활수준이 향상된다. 사실상 신상품의 도입으로 화폐의 실질가치가 증대되는 것이 일반적이지만 이런 구매력 증대는 소비자물가지수 산정에는 반영되지 않는다. 예를 들면 개인용 컴퓨터나 DVD플레이어가 출연하였을 때, 비록 신상품의 초기에는 이것이 '고가'였다고 하더라도 소비자늘은 일정한 화폐소늑에 대해서 경제적 후생이 증가할 것이다. 유용한 신상품의 출현은 가계의 실질소득을 증가시키며 또한 같은 논리로 실효물가수준을 낮춘다. 신상품을 올바르게 감안한다면, 평균 인플레이션율은 감소할 것이다. 또한 이들 신상품의 효과를 적절히 고려한다면, 경제의 실질성장률은 더욱 높아질 것이다.

셋째, 품질의 변화를 측정하지 못한다. 한 회사가 판매하는 제품의 품질을 변화시켰을 경우 제품가격의 변화만으로는 생활비의 변화를 모두 반영할 수 없다. 통계청도 시간이 지남에 따라서 나타나는 제품 품질의 변화를 측정하기 위해 최선을 다하고 있다. 예로 삼성컴퓨터가 매년 특정 개인용 컴퓨터모델의 성능을 증가시킬 경우, 소비자물가지수도 이같은 변화를 반영할 수 있도록 하는 것이다. 그러나 편리함과 신속성 등이 품질변화는 소비자물가지수에 측정하여 반영하기 어렵다. 의료서비스에서 생명을 구하거나 삶의 질을 높이는 기술진보는 의료서비스의 가격인상으로 간주되어 인플레이션을 일으키는 것으로 간주된다. 새로운 종류의 품질개선은 이마트나 다른 대형매장의 확산에 따른 소매혁명에서도 나타난다. 유통과 판매의 효율성 증대로 고객은 기존의 매장에 비하여 값싸게 상품을 구매할 수 있다. 그러나 통계청의 소비자물가지수 산정에서 고가의 물품이 이마트 등의 대형할인매장에서 보다 저렴하게 팔리는 것은 가격인하로 보지 않고 있다. 가격에 반영되지 않는 품질저하보다 품질향상이 일반적이라면 소비자물가지수는 실제보다 빨리 상승하는 것으로 과대평가된다.

미국에서 Boskin 등으로 구성된 특별조사팀은 소비자물가지수가 매년 0.8% 포인트에서 1.6% 포인트까지 과대 측정되었다고 결론지었다. 이 보고서로 인해 소비자물가지수를 계산하는 방법이 약간 변화하였으며 이제는 오류가 1% 포인트에 약간 못 미치는 것으로 생각된다. 소비자물가지수는 아직도 인플레이션을 과대평가하지만 이전만큼 심한 것은 아니다.

07 서울의 물가수준

 도쿄의 물가는 왜 서울의 물가보다 더 비싼가? 서울의 물가는 왜 미국 시카고나 워싱턴의 물가보다 더 비싼가? 스위스의 음식값은 왜 그렇게 비싼가?*

스위스는 국토조건이 열악하여 농축산물 가격과 음식물 가격이 비싼 나라가 되었다. 일본도 농경지가 국토의 13%에 불과한 열악한 국토조건으로 농산물가격이 비싸다. 특히 쌀값이 비싼 나라로 유명하다. 한국도 대동소이하다. 그런데 전 세계의 돼지는 동일한 음식을 먹는다. 왜냐하면 모두 미국에서 수입된 사료를 먹기 때문이다. 그러므로 한국이나 일본의 축산물 가격도 대부분 미국보다 비싸다. 싱가포르는 물도 수입하고 동물원의 새도 수입한다. 그러나 수입정책과 토지정책 등을 잘하여 물가수준이 낮은 나라로 유명하다.

국토조건이 좋고 농업기술혁신과 투자를 많이 한 미국은 농업생산성이 제조업보다 높다. 식료품가격이 세계에서 가장 저렴한 나라 중의 하나이다. 많은 농산물을 거의 전세계에 수출하고 있다. 미국에는 또한 세계적인 제조업체가 많고 또한 수입도 자유화하여 세계 각국의 상품들이

---

* 송병락, 글로벌시대의 경제학, 박영사, 2006, pp.452~454 참조.

수입되어 미국상품과 경쟁한다. 따라서 미국은 공산품 가격이 세계에서 가장 저렴한 나라이다.

스위스의 물가수준이 높은 것은 냉전시대 건물마다 핵방공호를 건설하고 환경오염도 엄격하게 통제하느라 각종 비용이 크게 상승했기 때문이라고 한다. 일본의 물가가 높은 것은 다단계 유통 때문이라고 한다. 미국에서는 각종 제품이 생산자에게서 바로 슈퍼마켓에 배달되나, 일본에서는 각종 도매상, 창고업자 등을 거쳐서 소매상에게 배달되므로 유통단계를 지날 때마다 가격이 상승한다는 것이다.

독일은 도시 주변에 농민들이 생산한 농산물을 직접 도시 소비자에게 팔 수 있도록 하여 농산물의 유통비를 줄이고 있다. 독일 프랑크푸르트 공항은 도시에서 15분 거리에 있다. 독일의 대부분의 공항들도 도심에서 이 정도의 거리밖에 떨어져 있지 않다. 태국의 방콕 공항은 도심에서 거의 두 시간 거리에 있다. 일본 도쿄 공항도 도심에서 멀리 떨어져 있다. 네덜란드는 세계 제일의 항만인 로테르담 항만과 세계 제일의 공항이라는 스키폴 공항을 갖고 있다. 유럽의 물류기지라고 하듯이 각종 사회간접자본 시설을 잘 건설하여 각종 제품의 물류비용을 원천적으로 낮게 하고 있다. 사회간접자본 시설을 잘못하여 물류비를 원천적으로 높게 한 나라들도 많다.

일본의 높은 물가는 높은 땅값에도 크게 기인한다. 일본에서는 자민당이 장기간 집권했는데, 그 표밭은 농촌이었다. 농민 보호를 위하여 농토의 도시용지 전환을 적극 억제했다. 그 결과 각종 도시용지 부족이 극심하게 되었다. 유명한 경제평론가 오마에 켄이치는 일본국민의 75%를 국토의 2%에 불과한 도시에 살도록 만든 토지정책이 일본을 망쳤다고 했다. 그런데 일본의 택지면적은 국토의 4.6%까지 증가했다. 일본의 고베시는 고베비프와 정종으로 유명한데, 가파른 산과 바다 사이 좁은 평지에 건설된 도시이다. 도시용지의 부족이 심해서 앞 바다를 메워 도시를 확장하기까지 했다. 그러나 바로 그 자리에 고베 지진이 발생하여 파괴되었다. 도쿄의 도심 긴자지역도 바다를 메워 건설한 땅이다. 이와 같이 일본처럼 국토가 협소한 나라는 땅값이 높을 소지가 많다. 한국도 마찬가지이다. 토지정책을 잘해야 물가상승 요인을 근본적으로 억제할 수 있다.

뉴욕, LA 등 세계적인 도시들은 시장경제체제 하에서 도심 반경이 60 내지 70킬로미터나 될 정도로 커진다. 그러나 서울의 경우는 도심에서 불과 15킬로미터 정도 되는 거리에 그린벨트를 대규모로 설정해 놓았으므로 도시의 정상적인 발달이 안 되고 있다. 그러므로 반경 15킬로미터 내의 도시지역에 혼잡이 극심하게 되었고 땅값도 세계적 수준으로 높게 되었다. 서울은 땅값이 세계적으로 높은 도시가 되어 외국인들은 진출을 기피한다. 서울은 서비스산업 도시인데, 각종 서비스의 생산비는 땅값에 의하여 좌우된다. 집세 때문에 음식값을 많이 받지 않으면 안 되게 되어 있다. 세계은행은 1970년대 한국의 인플레이션을 가져온 요인 세 가지를 지적한 바가 있다. 농수축산물 가격의 상승, 주택과 부동산 가격의 상승, 에너지가격의 상승 등이 그것이다. 이 중 두 가지는 땅과 관련된 것이다.

08 물가수준의 국제비교

2008년 발표된 세계 주요도시의 물가수준 자료를 보면 우리나라 서울의 물가는 선진국과 비슷하거나 이를 웃도는 것으로 나타난다.*

미국 Business Travel News가 발표한 2007년 기업인여행지수(Corporate Travel Index)에 의하면 서울의 체제비는 US$ 396에 달해 미국 도시들을 제외한 세계 100대 도시 중 8위를 차지했다. 여기서 체제비는 특1급 이상 호텔에서 거주하는 미국인 사업가를 기준으로 1인 하루 숙박비, 식사비, 세탁비, 택시비 등의 기타 부대비용을 모두 합한 비용을 말한다. 모스크바 1위, 런던 2위, 파리 3위, 동경 25위, 취리히 28위로 나타났다.

UN이 해외출장자의 실비 정산액을 토대로 산정한 일일 출장수당(Daily Subsistence Allowance Rate: 2007년 3월 1일 기준)을 보면 서울은 US$ 366의 높은 수준으로 뉴욕US$ 347, 동경 US$ 280 등을 상회하였다. 이 기준으로 인도 방갈로르 US$ 425, 런던 US$ 415, 모스크바 US$ 401 등의 수준이었다.

---

* http://public.bokeducation.or.kr/index.jsp 참조.

국제 컨설팅업체 Mercer사가 다국적기업의 주재원 생활비 산정자료로 제공하는 주요도시 물가자료(2006년 3월 기준)에 따르면 서울물가는 비교대상 도시 144개 중 2위를 차지했다. 모스크바 1위, 동경 3위, 홍콩 4위, 런던 5위, 뉴욕 10위, 파리 15위 등이었다.

이들 지표와는 달리 경제협력개발기구(OECD)는 비교물가수준[*](Comparative Price Levels) 측정을 통해 보면 우리나라의 경우 중하위 그룹에 속한 것으로 평가했다. 이에 따르면 우리나라 비교물가수준은 69(2002년 기준, OECD회원국 평균=100)로 42개국(OECD 비회원국 포함) 중에서 중하위를 차지했다. OECD는 자체 통계자료를 이용한 국가별 순위에 큰 의미를 부여하지 않고 다만 4개 그룹으로 구분한다.

OECD가 제시한 물가수준별 그룹

A high price level group (CPL 110 이상)	미국, 일본, 스위스, 노르웨이, 덴마크, 아이슬란드
A medium-high price level group(90~109)	독일, 프랑스, 영국, 스웨덴, 아일랜드, 핀란드, 오스트리아, 벨기에, 네덜란드, 룩셈부르크
A medium-low price level group(60~89)	한국, 캐나다, 이탈리아, 그리스, 스페인, 이스라엘, 호주, 뉴질랜드, 멕시코, 포르투갈, 슬로베니아, 사이프러스, 몰타
A low price level group (60 미만)	러시아, 터키, 헝가리, 폴란드, 체코, 불가리아, 루마니아, 라트비아, 크로아티아, 마케도니아, 에스토니아, 리투아니아

주 : OECD 회원국(30개국) 및 비회원국(12개국) 등 42개국 대상
자료 : OECD, Purchasing Power Parities and Real Expenditures, 2002 Benchmark Year, 2004.

---

* 회원국 등을 대상으로 3년마다 GDP와 그 구성요소들의 가격과 물량자료(3,000여개의 대표 상품 및 서비스 가격을 조사)를 기초로 구매력평가(PPP: Purchasing Power Parities) 환율 및 시장환율을 적용하여 작성된다.

이 비교물가수준에 따르면 우리나라의 물가수준은 2002년 12월 미국을 100으로 볼 때 68을 기록하여 30개 회원국 중에서 23위를 기록했다. 이후 이 지표는 상승세를 유지 2006년 12월에는 95에 도달하였지만 여전히 23위를 유지하고 있다.

이렇게 우리나라 물가수준이 조사기관과 대상품목에 따라 상이하게 나타나는 바 물가수준의 국제비교 자료를 해석하거나 인용할 경우 각별히 주의해야할 몇 가지가 있다.

첫째, 특정부문에 치중된 적은 수의 비교대상 품목만을 단순평균하거나 서비스의 품질차이를 고려하지 않을 경우 체감물가가 높게 나타날 가능성이 있다. 이는 선진국의 상위소득계층이 선호하는 일부 특정 품목 및 서비스 공급이 우리나라 또는 소득수준이 낮은 나라에서는 제한적으로 이루어질 수밖에 없어 그 물가수준이 다른 품목 및 서비스보다 훨씬 높은 수준에서 형성되기 때문이다.[*]

둘째, 비교대상 품목 수가 일정수준 이상인 경우에도 다국적 기업 주재원과 같이 특정계층의 선호도 및 소비지출 성향이 반영된 품목별 가중치 적용으로 물가수준이 조사기관에 따라 상당히 큰 격차를 나타낼 수 있다. 예로 다국적 기업 임원의 소비지출구조를 반영한 Mercer사의 주요도시 물가비교(2006년 3월)를 보면, 서울의 물가는 비교대상도시 144개 중 2위로 매우 비싼 것으로 나타난다. 그러나 UN이 파견하는 직원의 소비지출을 반영해 작성하는 소매물가지수(2006년 12월)의 경우는

---

[*] 특정 소수계층이 향유하는 특급호텔 숙박 및 식사, 골프장 이용, 수입자동차 렌트 등 일부 특정 서비스의 물가수준은 선진국과 비슷하거나 이보다 높은 수준을 유지하고 있다.

173개 도시 중에서 20위를 차지하고 있다.

셋째, 시장환율이 물가수준의 국가 간 비교에 이용될 수밖에 없어 주로 미국달러 같은 공통화폐로 환산된 개별국가의 물가수준에 상당한 영향을 주게 된다. 예로 2002년~2006년(2001년 기말대비) 우리나라의 대미달러 환율은 42.5% 절상되었는데, 이는 우리나라와 미국의 물가가 5년 동안 그대로 이더라도 우리나라의 물가수준이 42.5% 더 비싸졌음을 의미한다. 이 경우 외국인 체재자는 원화의 미국 달러화 대비 큰 폭 절상으로 인해서, 달러화 기준으로 한국의 물가가 크게 올랐다고 느낄 수 있다.

09 빅맥 가격으로 본 물가비교

영국에서 발행되는 주간 경제전문지 Economist는 1986년 이래 매년 4월마다 전 세계적으로 판매되는 맥도널드의 빅맥 판매가격을 비교 분석하여 발표하고 있다. 빅맥은 전 세계 120개국 매장에서 동일한 재료로 판매되므로, 이 빅맥의 판매가격을 이용해서 각 나라의 물가수준을 비교해 볼 수 있는 지표로 사용된다.

다음의 표는 2007년 7월의 빅맥의 판매가격을 보여주고 있다. 빅맥 햄버거는 2007년 7월 현재 중국에서 가장 싸게(개당 $1.45), 스위스에서 가장 비싸게(개당 $5.20), 우리나라에서는 미국과 거의 비슷한 가격($3.14)에 팔리고 있다.

빅맥지수(2007년 7월)

국 가	현지판매가격	당시환율	달러환산가격$	배율
미국	3.14달러	-	3.14	1.00
아르헨티나	8.25페소	3.09	2.67	0.85
호주	3.45호주달러	1.17	2.95	0.94
브라질	6.90헤알	1.91	3.61	1.15
영국	1.99파운드	0.50	2.01	0.64
캐나다	3.88캐나다달러	1.05	3.68	1.17
중국	11.00위안	7.60	1.45	0.46

덴마크	27.75크로나	5.46	5.08	1.62
유로지역	3.06유로	0.74	4.17	1.33
일본	280엔	122	2.29	0.73
말레이시아	5.50말레이달러	3.43	1.60	0.51
필리핀	85.00페소	45.9	1.85	0.59
스위스	6.30스위스프랑	1.21	5.20	1.66
태국	62.00바트	34.5	1.80	0.57
대한민국	2,900원	923	3.14	1.00

자료 : Economist

비록 빅맥이 세계 거의 모든 나라에서 판매되고 있으나 과연 동일한 상품인가에 대해서는 의문의 여지가 있다. 주재료인 쇠고기 값이 무역장벽으로 나라마다 차이가 있을 뿐만 아니라 건물임대료, 인건비, 조세제도, 지역별 시장구조 등 천차만별일 것이다. 그럼에도 빅맥의 판매가격은 각국의 물가수준을 간단히 비교할 수 있는 간편한 지표 중에 하나임에는 분명하다.

일반적으로 선진국의 생활비가 개발도상국에 비해 월등히 높다는 것은 잘 알려진 사실이다. 이런 현상이 생기는 이유에 관해서는 여러 가지 설명이 가능하겠지만 다음과 같은 대표적인 두 가지 설명이 존재한다.

발라사(B. Balassa)에 의하면, 경제성장 과정에서 수출산업은 주로 제조업이기 때문에 생산성 향상이 급속히 이루어지는 반면, 내수산업은 주로 서비스산업이기 때문에 생산성 향상이 더디게 이루어진다. 이에 따라 선진국 내수산업의 제품가격이 개발도상국보다 높게 된다. 이 결과 선진국의 물가수준을 높이는 원인이 된다. 우리나라에서도 지난 40여 년간의 고도경제성장 결과 생활비가 크게 올랐으며, 특히 공산품 가격에 비해서 서비스 가격이 급등했음은 잘 알려진 사실이다.

한편 크라비스와 립시(I. Kravis and R. Lipsey)는 생산성의 격차 대신 부존자원의 차이로 선진국과 개발도상국 간의 물가수준 차이를 설명하고 있다. 선진국은 개발도상국에 비해 노동보다는 자본이 상대적으로 풍부하기 때문에 선진국에서는 노동의 한계생산성 및 실질임금이 높게 된다. 일반적으로 내수산업은 수출산업에 비해서 노동집약적이다. 따라서 노동이 비싼 선진국에서 내수산업의 제품가격이 높을 것이며, 내수산업의 제품이 비싼 선진국의 물가수준이 개발도상국보다 높을 것이다.

10 스타벅스 커피가격으로 본 물가비교

2008년만 해도 세계에서 네 번째로 높았던 국내 스타벅스 커피가격이 2009년에 들어 원화 약세(환율상승)로 미국보다 싸진 것으로 나타났다.

스타벅스의 인기 메뉴인 '아메리카노'(톨 사이즈)는 국내에서 3,300원, 미국에서는 2.5달러다. 지난 해 원·달러 환율이 1,000원선일 때 미국은 2,500원으로 국내가격보다 훨씬 낮았지만, 환율이 1,334원까지 올라 현재 원화로 환산하면 3,335원이 된다. 일본의 스타벅스 아메리카노 가격은 350엔으로, 원화로 환산하면 4,647원에 달해 국내보다 40%나 비싸다.

한국소비자원이 2008년 5월 세계 10개국의 스타벅스 커피 8종의 가격을 평균환율로 비교할 때 서울의 스타벅스 커피가격이 4번째로 비싼 것으로 나타났다. 종류별로 보면 커피 아메리카노(Tall/350㎖)는 한국이 프랑스(4,060원), 독일(3,740원), 영국(3,470원)에 이어 우리나라(3,300원)가 4번째로 비쌌다. 이어 일본(3,260원), 홍콩(3,090원), 중국(3,010원), 싱가포르(2,940원), 대만(2,640원)의 순이었고, 미국·캐나다(2,280원)가 가장 낮

---

* 이 글은, 한국경제신문, 2009년 4월 13일자 A21면 기사 '원화 약세 덕에 … 스타벅스 커피, 미국보다 싸졌네'를 참조함.

앉다. 커피 프라푸치노(Tall/350㎖) 또한 프랑스(7,180원), 독일(5,300원)에 이어 우리나라(4,300원)가 3번째로 높았다.

이 때 당시 원·달러 환율은 990원대, 원·엔 환율은 950원대로 2009년 4월 현재 원·달러 환율은 1,334원대, 원·엔 환율은 1,328원대로 현재보다 25~28% 낮은 수준이었다. 한국소비자원은 스타벅스 커피가격이 높은 이유에 대해서 "로열티, 임대료 등 높은 비용구조와 함께 외국 커피점을 선호하는 소비자 성향이 영향을 미치는 것으로 보인다"고 밝혔다.

주요국 스타벅스 커피가격 비교

국가	가격	원화 환산가격
1. 일본	350엔	4,647원
2. 프랑스	2.6유로	4,555원
3. 독일	2.4유로	4,205원
4. 홍콩	24홍콩달러	4,131원
5. 중국	21위안	4,099원
6. 싱가포르	4싱가포르달러	3,516원
7. 영국	1.8파운드	3,512원
8. 미국	2.5달러	3,335원
9. 한국	3,300원	
10. 대만	80대만달러	3,160원

* 아메리카노·톨 사이즈·환율은 2009년 4월 10일 기준

그러나 지금은 사정이 다르다. 커피가격이 오르지 않았다는 전제 아래 현재 환율로 다시 계산해 보면 일본(4,647원)이 가장 비싸고, 프랑스(4,555원), 독일(4,205원), 홍콩(4,131원), 중국(4,099원)의 순이다. 현재는 10개국 중 한국보다 싼 곳이 대만(3,160원), 캐나다(2,502원)뿐이다. 스타벅스 커피가격으로 각국 물가를 재는 스타벅스 지수로는 한국이 저렴한 편이라는 이야기가 된다.

11 물가상승률과 금리

물가상승률과 금리는 서로 깊은 상관관계를 가지고 움직인다는 점을 처음으로 지적한 경제학자는 미국의 어빙 피셔(Irving Fisher, 1867~1947)였다. 그 후에 많은 실증연구를 통해서 그의 지적이 옳다는 것이 밝혀졌다. 특히 1950년대 이후 연구에서 그랬다. 미국의 명목금리 변화에 대한 연구에서 물가상승률이 높았던 시기에는 명목금리도 높았고, 물가상승률이 낮았던 시기에는 명목금리 역시 낮았다. 뿐만 아니라, 한 시점에서 각국의 금리변동을 검토해 보아도 물가상승률과 금리가 같이 움직인다는 점이 입증되었다.

즉, 물가상승률이 높은 국가는 명목금리도 높은 경향이 있고, 물가상승률이 낮은 국가에서는 명목금리도 낮은 경향이 있다는 것이다. 이런 경향을 흔히들 피셔효과(Fisher effect)라고 부른다. 돈을 빌려주는 대가로 받는 것이 금리인데, 돈을 빌려주는 동안 물가가 오르면 돈을 빌려준 측에서는 손해를 볼 수도 있다. 물가가 오른 만큼 돈의 가치가 하락하기 때문이다.

예를 들어 갑이 100만원을 1년간 5%의 금리로 을에게 빌려준 경우를 생각해 보자. 갑은 1년이 지나면 을에게서 원리금으로 105만원을 돌려받게 될 것이다. 그런데 이 기간에 물가상승률이 10%였다면 실질적으로 보면 갑은 손해를 보게 된다. 100만 원짜리 물건가격은 110만 원이 되었지만, 갑이 받을 금액은 금리까지 더해서 105만원밖에 되지 않으니, 물건을 사서 그 기간동안 보유한 경우에 비교해서 손해라는 것이다.

그래서 갑이 실질적으로 5%의 금리를 보장받기 위해서는 돈을 빌려준 동안에 물가상승률이 0%여야 한다는 전제조건이 필요하다. 만약 물가상승률이 10%인 상황에서 실질금리가 5%가 되기 위해서 명목금리는 실질금리 5%와 물가상승률 10%가 더해진 15%수준이 되어야 할 것이다. 이같이 명목금리는 실질금리와 물가상승률의 합으로 정해지므로, 물가상승률이 높아지면 명목금리도 같이 높아지게 된다.

명목금리는 실질금리와 물가상승률의 합이라는 점은 이론적으로 너무 당연한 것처럼 보인다. 그러나 현실에서는 이 문제가 이론적으로 생각하는 것처럼 그렇게 간단하지 않다. 돈을 빌려주는 갑의 입장에서는 앞으로 1년 동안 물가상승률이 얼마나 될지 알 수 없기 때문이다. 갑이 알고 싶은 물가상승률은 과거나 현재의 물가상승률이 아니라, 미래의 물가상승률이기 때문이다. 그래서 보다 정확히 표현해 보자면, 명목금리는 실질금리에 미래의 물가상승률을 합해서 정해져야 한다. 불행하게도 인간이 미래를 정확히 알 수 없기 때문에 여러 가지 방법으로 미래의 물가상승률이 얼마나 될 지 예측하는 수밖에 없다. 우리는 이같이 예측된 미래의 물가상승률을 기대물가상승률이라고 부른다. 경제상황이 불안정하게 움직이는 경우 기대인플레이션을 정확히 예측하는 일은 경제예측전문가들에게조차도 매우 어려운 일이다. 바로 여기에 합리적인 금리결정의 현실적인 어려움이 존재한다.

1950년대 이후에는 잘 들어맞던 명목금리와 물가상승률 사이의 비례

관계가 19세기 말에서 20세기 초에는 잘 들어맞지 않았다. 높은 명목금리와 높은 물가상승률 간의 관계가 분명히 드러나지 않은 것이다. 피셔효과를 주장했던 피셔 역시 이런 사실에 매우 곤혹스러워 했다고 전해진다. 피셔를 곤혹스럽게 만든 것은 바로 물가상승률과 기대물가상승률의 차이를 구별하지 못했기 때문이었다.

기대물가상승률은 직접적으로 관찰할 수는 없기에 지속되는 물가상승의 관찰을 통해서 이를 예상하고 추론해 낼 수 있을 뿐이다. 1950년대 이후의 물가상승은 상당 기간 지속적으로 발생하였다. 즉 어느 한 해에 높았던 경우, 다음 해에도 역시 높았다. 따라서 이런 경우 사람들은 오랜 동안 높은 물가상승을 경험하면서 장래에도 역시 동일한 높은 물가상승이 지속될 것이라고 예상하는 것이 당연하다. 결과적으로 기대물가상승률을 비교적 쉽고 정확하게 예측할 수 있었다.

반면 19세기 대부분의 서구제국에서는 금본위제가 유지되고 있었으므로 정부의 방만한 통화관리로 인해 물가상승이 수년간 지속적으로 유지되는 경우가 거의 없었다. 설령 1년 동안 물가상승이 발생하더라도 다음 해에는 높은 물가상승만큼 낮은 물가상승이 발생할 가능성도 똑같이 존재했다. 따라서 어느 한 해의 높은 물가상승이 다음 해에도 동일하게 높은 기대물가상승률을 의미하지 않았으며, 높은 명목금리로 이어지지도 않았다. 결과적으로 기대물가상승률을 정확히 예측하는 것은 매우 어려웠고, 또 실제 예측의 결과도 신뢰하기 어려웠다.

1950년대 이후의 기간과 19세기 말에서 20세기 초까지의 기간 간의 이런 경제상황의 차이가 피셔를 곤혹스럽게 만들었던 것이다. 결국 피셔효과를 통해서 피셔가 말했던 물가상승률은 실제로 우리가 현실에서 관찰하는 물가상승이 아니었다. 그가 강조한 물가상승률은 현실에서 우리가 실제로 관찰할 수 없는 미래에 발생될 기대물가상승률이었다. 우리가 돈을 빌려주고 받는 금리는 현재에 발생된 실제물가상승률에 영향을 받는 것이 아니다. 돈을 빌려주고 다시 돌려받기까지의 불확실한 장래 기간 동안에 기대되는 물가상승에 의해서 영향을 받는 것이다. 이런 점을 생각하면 피셔가 기대물가상승률을 왜 그렇게 강조했는가가 쉽게 이해될 수 있다.

12 기대인플레이션의 측정

인플레이션 기대란 미래의 물가상승률에 대한 경제주체들의 예상을 뜻하며, 그것을 수치화한 것을 '기대인플레이션율'이라고 한다. 기대인플레이션율은 경제 행위에 큰 영향을 미친다. 일례로 근로자들은 임금계약을 체결할 때 실질임금을 보전하기 위해서 다음해 물가수준을 예측하여 임금협상에 임한다. 신상품 출시를 계획하는 기업들은 자신과 소비자들의 기대인플레이션율에 맞추어 가격을 설정한다. 이처럼 기대인플레이션율은 경제주체들이 예상하는 물가상승률이지만 실제 물가에도 큰 영향을 주고 있다. 더구나 최근처럼 유가와 원자재가 높은 수준을 유지하는 상황이라면 1970년대처럼 물가가 지속적으로 상승하는 상황을 걱정하지 않을 수 없고, 인플레이션이 장기적인 성장을 저해할 수 있다는 점에서 기대인플레이션의 추이는 중요하다고 할 수 있다.

기대인플레이션율을 추정하는 방법에는 우선 일반 소비자들을 대상으로 물가전망을 조사하는 것이 있다. 미국의 경우 미시건대학교에서 실시하는 조사가 있고, 우리나라에서는 한국은행이 분기별로 발표하는 소비자동향조사 항목에 물가수준에 대한 전망과 인플레이션율 예상이 포함되어 있다. 그리고 민간이나 국책 연구소들이 발표하는 물가상승률 전망치를 활용하거나 경제전문가들을 대상으로 설문조사를 하여 추정하는 방법도 있다. 이 같은 방식으로 추정된 기대인플레이션을 서베이 기대인플레이션(SEI: Survey Expected Inflation)이라고 부른다.

또 다른 방식으로는 물가연동국채를 이용하여 금융시장에서 형성된 인플레이션 기대를 추정하는 방법이 있다. 물가연동국채는 물가가 오르면 그만큼 원금과 이자를 조정해주기 때문에, 물가연동국채의 수익률에서 명목국채의 수익률을 뺀 수치가 금융시장에서 예상하는 인플레이션율이라고 간주할 수 있다. 그러므로 금융시장에서 형성된 기대인플레이션율은 두 국채 간 수익률 차이를 통해서 대략적으로 추정할 수 있다. 이같이 측정된 기대인플레이션율을 손익분기인플레이션(BEI: Break Even Inflation)이라고 부른다. 최근 물가연동채권이 도입된 우리나라에서는 뚜렷하게 나타나지 않지만, 일반적으로 손익분기인플레이션(BEI)은 실제 인플레이션율을 3개월 정도 선행한다고 알려져 있다.

이와 같이 물가연동국채와 명목국채 간의 수익률 차이를 이용하여 기대인플레이션율을 추정하는 방법은 간편하여 많이 이용되는 편이다. 하지만, 두 국채의 만기와 듀레이션(이자율의 변동에 따른 수익률 변화를 나타냄)이 같지 않기 때문에 정확한 인플레이션 기대를 추정하기 위해서는 이를 조정해 주어야 한다. 아울러 두 채권의 발행량과 유통량의 차이에서 기인하는 유동성 프리미엄도 감안해야 한다. 왜냐하면 물가연동국채는 유동성이 명목국채에 비해 떨어져 수익률이 높게 형성됨으로써 기대인플레이션이 실제보다 높게 추정되는 경향이 있기 때문이다.

현재 우리나라에서 발행되는 물가연동국채와 명목국채의 만기 사이에는 6개월 정도 차이가 있고 물가연동국채의 발행량이 명목국채에 비해 훨씬 적어 양 국채 간 수익률 차이 그대로를 기대인플레이션율로 간주하기는 곤란한 측면이 있다. 그러나 계산이 간편하기 때문에 그대로 사용하는 경우가 많다.

  이처럼 물가연동국채를 이용하여 기대인플레이션을 측정하는 방법은 다른 조사와는 달리 비용이 거의 들지 않는다. 일반인을 대상으로 하는 설문조사는 조사원 고용, 설문 및 처리 등에 상당한 비용이 들지만 위에서 설명한 방법은 채권 거래 관련 통계만 있으면 쉽게 기대인플레이션율을 측정할 수 있다. 결과를 얻는데 소요되는 시간이 짧다는 것도 이 방법의 장점이다. 전문가나 일반인을 대상으로 하는 설문은 자주 시행할 수 없으나 물가연동채권을 이용한 방법은 매일 기대인플레이션을 측정할 수 있는 장점도 있다.

  현재 주요국의 중앙은행들은 이 같이 측정된 기대인플레이션인 손익분기인플레이션(BEI)을 통화정책보고서(또는 물가보고서) 등에 포함하는 등 통화정책에 대한 평가나 운용방안에 대한 결정에 있어서 중요한 정보변수로 활용하는 추세에 있다. 또 손익분기인플레이션은 미래인플레이션에 대한 합리적인 예측의 성격을 갖고 있어 과거 인플레이션에 상대적으로 크게 의존하는 서베이 기대인플레이션을 보완하는 기능을 갖고 있기도 하다.[*]

---

[*] 박형근·박형민, 인플레이션 연구의 최근 흐름과 시사점, 한국은행 조사국, 2007 참조.

13 물가수준예측

경제학에서 경제주체들이 미래의 물가수준이 어떻게 변화할 지에 대해서 예측하는 방법에는 세 가지가 있다고 본다. 완전예견가설, 적응적 기대가설, 합리적 기대가설 등의 세 가지가 그것이다.

완전예견가설(perfect foresight hypothesis)은 케인즈 이전의 고전경제학에서 가정하고 있던 경제주체들의 물가예측방식이다. 경제주체들은 장래의 물가수준변화를 완벽하게 예측한다고 가정한다. 근로자가 자신의 사용자와 임금협상을 할 때, 장래의 물가변화를 정확하고 완벽하게 예측하므로 자신의 임금협상과정에서 장래의 물가상승분을 정확히 반영할 수 있다고 본다. 또한 자신에게 직접 생산하거나 구입하는 생산물의 가격뿐 아니라, 자신에게 직간접으로 관련된 생산물들의 가격까지 정확히 파악하고 있다고 본다. 그래서 고전학파의 경제학 세계에서 물가수준은 중요한 변수가 되지 못한다. 중요한 것은 실질경제변수(=명목경제변수/물가수준)라고 이해한 것이다. 이것은 고전학파가 미래의 불확실성을 경제이론에서 중요하게 고려하지 않은 결과로 해석된다.

그러나 케인즈(J. M. Keynes)는 고전학파가 갖고 있던 경제주체들의

---

* 이 글은, 정운찬·김홍범, 화폐와 금융시장, 3판, 율곡출판사. pp.200~201를 참조함.

이같은 물가예측방식을 부정한다. 그는 인간이 미래를 정확히 예측하는 것이 불가능하다는 것을 강조한다. 인간은 미래를 예측하기 위해서 자신의 과거 경험을 미래예측의 정보로 사용할 수 있을 뿐이라고 본다. 과거에 물가가 지속적으로 올랐다면 장래에도 그렇게 물가는 지속적으로 오를 것으로 예상한다는 것이다. 물론 먼 과거의 경험보다는 가까운 장래의 경험이 미래예측정보로서 더 큰 영향력을 행사할 것이다. 과거의 물가상승은 먼 과거와 가까운 과거 모두가 미래물가 예측에 정보로서 사용되지만 가까운 과거일수록 미래물가 예측에서 더 큰 비중으로 사용된다.

보통의 경우 먼 과거의 사건일수록 우리의 기억에서 희미해지는 것과 같이 물가예측에서도 먼 과거일수록 장래의 물가예측에 미치는 정보로서의 영향력은 감소한다. 이같이 과거의 경험이 시차를 두고 점차적으로 미래예측에 사용된다고 주장하는 것이 적응적 기대가설(adaptive expectation hypothesis)이다. 케인즈는 미래의 불확실성이 매우 중요하며, 인간은 미래를 정확히 예견할 수 없으므로 할 수 없이 과거의 정보로 미래를 예측할 뿐이라고 보았다.

합리적 기대가설(rational expectation hypothesis)은 경제주체가 물가변수와 같은 경제변수에 대한 기대를 형성하는 방식이 매우 합리적임을 강조한다. 여기서 합리적이라 함은 사람들이 자신이 예측하려는 변수에 관해 얻을 수 있는 모든 정보를 이용해서 미래를 예측한다는 것과 사람들은 모든 정보를 올바른 방식으로 이용할 줄 안다는 것— 즉, 자신들이 관찰하는 변수들이 예측하려는 변수에 어떤 영향을 주게 되는지를 잘 이해하고 있다는 것— 을 의미한다. 경제주체들의 물가예측방식으로 합리적 기대가설이 도입되기 시작한 것은 1970년대 중반부터였다. 합리적 기대가설은 고전학파와 케인즈학파 경제학 모두에 매우 큰 영향을 주었고, 그 결과로 오늘날 새고전학파와 새케인즈학파가 탄생할 수 있었다. 1970~1980년대에는 합리적 기대가설이 경제학 방법론상의 획기적인 사건이라는 의미에서 합리적 기대혁명이라고까지 불릴 정도였다.

합리적 기대가설에 의한 물가예측방법은 매우 현실적인 가설임을 알 수 있다. 우리는 현재 정보의 홍수 속에 살고 있어서 마음만 먹으면 상당히 정교한 고급정보도 큰 비용 없이 쉽게 얻을 수 있다. 합리적인 경제주체들은 당연히 장래 물가예측에서 이러한 정보를 이용하려할 것이다. 또한 장래의 물가예측을 위해서는 정보뿐 아니라, 이 정보를 효과적으로 이용하고 분석할 줄 알아야 할 것이다. 그렇다면 이렇게 해서 얻어진 예측이 정확하다고 확신할 수 있을까? 물론 경제주체들의 합리적 기대에 의한 예측도 대부분 틀리기 마련이다. 우리의 현실은 불확실성으로 가득차 있고 인간의 지식도 한정되어 있기 때문이다. 그러나 사람들이 얻을 수 있는 모든 정보를 올바르게 이용하여 기대를 형성하는 한, 예측하지 못한 부분(surprise)은 체계적 오류(systematic error)가 아니라 불규칙 오류 또는 확률적 오류(random error)라고 볼 수 있다. 이같은 불규칙 오류 또는 확률적 오류는 장기적으로 서로 상쇄되어 평균적으로 영(0)이 되며, 따라서 사람들의 합리적 기대는 장기적으로 —또는 평균적으로— 정확하게 될 것이다.

14 물가연동계약제

원칙적으로 예상치 못한 인플레이션이 유발하는 손실과 이득은 물가연동계약을 사용함으로써 제거할 수 있다. 예를 들어 은행이 저축성 예금에 3%의 실질이자율을 보증하기를 원한다면, 은행은 3%의 실질이자율이 인플레이션에 연동되도록 명목이자율을 정하면 된다. 즉, 실제 인플레이션이 6%라면 은행은 명목이자율로 9%를 지급하는 것이다. 따라서 예금자는 실질이자율 3% 지급을 약속받는다. 이와 유사하게 국공채, 주택담보대출, 채권 등의 금융계약에서도 노동자와 사용자는 물가연동계약을 통해 예상치 못한 인플레이션으로부터 보호받을 수 있다.

물가연동제는 어떻게 정착됐는가? 미국 내 장기 금융계약의 이자율은 은행의 기준이자율 혹은 재무성 채권 이자율에 어느 정도의 프리미엄을 추가해 결정되는 것으로 인플레이션 변동을 고려하지 않는다. 그러나 명목이자율이 인플레이션과 매우 유사하게 움직이기 때문에 장기 금융계약은 때때로 인플레이션율과 연동된 것처럼 보인다. 미국에서의 많은 노동계약은 생계비 조정(COLA: cost-of-living adjustment)이라는 규정을 통해 인플레이션에 연동된다. 정부는 인플레이션이 기대한 것보다 높을 경우 명목임금이 상승하도록 유도한다. 하지만 일반적으로 예상치 못한 인플레이션이 1% 상승하면, 임금은 1%보다 작게 상승한다.

또, 1997년 1월 미국 재무성은 인플레이션 연동채권(TIPS, Treasury Inflation-Protected Securities)을 팔기 시작했다. 이 같은 물가연동채권은 채권이 물가와 떨어질 수 없는 관계라는 점에 착안해 개발된 상품이다. 일반적으로 채권은 미리 정해진 금리만큼 이자를 받기 때문에 물가가 오르면 상대적으로 그만큼 손해를 볼 수밖에 없다. 이런 특성을 반영해 물가가 올라가는 만큼 이자를 더 지급받을 수 있는 구조로 만들어진 것이 물가연동채권이다.

현재 미국에서 발행되는 물가연동채권에는 두 가지 종류가 있다. 일반적으로 물가연동채권으로 불리는 전형적인 'TIPS'가 하나이고, 다른 하나는 'I-Bond'(Index-Bond)라고 불리는 것이다. 'TIPS'의 원금은 물가에 연동해 있어서 물가가 오르면 채권의 원금도 따라서 올라가고 물가가 내리면 원금도 떨어진다. 원금을 고정하고 이자를 물가에 연동시키는 'I-Bond'와 차이가 있다. 따라서 인플레이션 상태, 즉 물가가 오를 것으로 예상되는 상황에서는 다른 채권보다 유리하지만 디플레이션 환경에서는 투자 가치가 떨어진다. 물가연동채권은 원래 1981년 영국에서 'Inflation-linked Gilts'란 이름으로 처음 등장했으나, 1997년 미국에서 'TIPS'가 발행되면서 금융시장에 정착될 수 있었다. 전 세계 물가연동채권시장 규모는 2008년 9월 말 기준으로 약 1,200조원 수준이다. 특히 영국은 국채의 3분의 1가량을 물가연동채권으로 발행하는 등 최근 발행 규모가 빠르게 증가하고 있다.

과거 높은 인플레이션을 경험한 여러 국가들이 물가연동제를 자주 사용한다. 이스라엘은 1984년 소비자 물가지수로 표시된 인플레이션율이 445%였다. 당시 이스라엘 유동성 자산의 80% 이상이 인플레이션율에 연동됐었다. 예를 들어 장기정부채권은 소비자 물가지수에 연동됐고, 은행은 단기 예금의 구매력을 보장하기 위해 미국 달러에 연동해 이자를 지급했다. 그러나 1985년 후반기 초인플레이션이 끝나면서 물가연동 적용사례는 감소하기 시작해 인플레이션이 한 자릿수로 떨어질 때까지 계속되었다.*

이 밖에도 우리나라에서는 국가를 당사자로 하는 계약의 경우, 계약기간 중 물가등락 등 경제여건의 변동이 발생될 가능성이 크다. 이러한 경우에 당초 계약내용대로 이행하게 된다면 계약당사자 일방에게 불공평하고 부당한 결과가 초래될 수 있다. 그래서 계약의 원만한 이행을 위하여 정부계약제도에서는 민법에 규정된 「사정변경의 원칙」을 원용하여 일정한 요건에 해당되면 계약내용을 변경토록 인정하고 있는 바, 이러한 이유로 국가계약법령에서는 물가변동으로 인한 계약금액조정제도(Escalation)를 제도화하고 있다. 이러한 계약금액조정제도 역시 물가연동계약의 하나로 볼 수 있다.

---

* Stanley Fisher, "Israeli Inflation and Indexation," in J. Willamson, ed., *Inflation and Indexation: Argentina, Brazil, and Israel*, Institute for International Economics, 1985. reprinted in Stanley Fisher, *Indexing, Inflation, and Economic Policy*, Cambridge, M. I. T. Press, 1986.

15 물가연동채권

고정금리채권은 정해진 이자를 받기 때문에 물가상승에 따라 실질 이자소득이 감소하게 된다. 반면 물가연동채권(indexed bonds)은 물가상승에 따라 원금을 증액하거나 이자율을 상향조정하여 물가상승에 따른 실질소득 감소를 상쇄한다. 원금 100원, 표면이자율 5%의 물가연동채권의 예를 들어보면 연 10% 물가상승 시 원금은 110원으로 늘어나고 이자는 5.5원(110원 × 5%)이 발생하여 이자의 실질소득은 물가상승이 없는 경우인 5원(= 5.5원 ÷ 1.1)과 같다.

물가연동채권은 미국, 영국 등 선진국에서 장기자금 조달을 위해 활용해 왔다. 채권만기가 길수록 불확실성이 커지는데 물가연동채권은 이러한 불확실성을 줄이는 역할을 한다. 물가연동채권이 국채에서 차지하는 비중은 이스라엘이 약 85% 정도로서 세계에서 가장 크며, 규모면에서나 유동성 측면에서는 영국이 가장 크다. 1981년 영국 정부가 최초로 발행했고, 호주(1985), 캐나다(1991), 아이슬란드(1992), 뉴질랜드(1995), 이스라엘(1995), 미국(1997), 스웨덴(1997), 프랑스(1997) 등이 물가연동채권(TIPS 또는 TIIS)을 발행하기 시작하여 매년 발행비중을 높이고 있으며, 한국도 2007년부터 물가연동국채를 발행하고 있다.

---

* 이 글은, 이우헌, 거시경제학, 박영사, 2007, pp.602~605를 참조함.

정부의 물가연동채권 발행과 관련해서는 찬성론과 반대론이 아직도 첨예하게 대립하고 있는 것이 현실이다. 발행 찬성론자의 주장은 대략 다음과 같다.

첫째, 고정금리채권은 인플레이션 위험에 노출되어 있으므로 투자자에게 보다 높은 이자율을 제공해야 한다. 그러나 물가연동채권은 인플레이션 위험이 제거되었으므로 이 같은 할증이자율을 제공할 필요가 없어진다. 결국 정부는 재원조달비용을 절약할 수 있게 된다. 둘째, 물가연동채권은 인플레이션 위험을 회피하는 장기성 투자자금을 유인함으로써 장기금융시장의 규모확대 및 유동성 증가에 기여하여 정부의 장기적 재정운용을 원활하게 해준다. 셋째, 정부는 물가가 상승할수록 물가연동채권에 대한 이자지급액이 많아지기 때문에 채권 조달비용을 낮추기 위해 인플레이션을 억제하려고 종전보다 더 많은 노력을 하게 된다.

이에 반해서 물가연동채권 반대론자의 주장은 대체로 다음과 같은 것들이다. 첫째, 물가연동채권이 발행되면 국채의 종류가 너무 많아져서 국채의 유동성이 감소할 우려가 있다. 국채의 유동성이 감소되면 투자자들에게 더 높은 이자율을 제공해야 하고, 이것은 결과적으로 정부의 재원조달비용을 높일 것이다. 둘째, 물가연동채권이 발행되면 인플레이션을 우려하는 투자자들은 물가연동채권을 구입하여 인플레이션 위험을 제거할 것이다. 따라서 이들은 더 이상 인플레이션에 큰 관심을 갖지 않을 것이고, 그로 인해 정부가 인플레이션을 억제해야 한다는 여론도 그만큼 약화될 것이라고 주장한다.

이 같은 찬성과 반대의 논거에도 불구하고 대부분의 경제학자들은 물가연동채권의 발행에 찬성하고 있는 실정이다. 경제학자들이 물가연동채권의 발행에 찬성하는 주요한 이유는 이 채권이 갖는 다음과 같은 부수적 효과 때문일 것으로 추측된다.

 정부가 발행하기 시작한 물가연동채권이 서로 다른 투자자들 간에 인플레이션 위험을 거래할 수 있는 시장을 형성시킬 것이라는 믿음 때문이다. 물가연동채권은 시장에서 거래되면서 장래에 발생될 기대인플레이션에 대한 정보를 발생시켜서 각 경제주체들에게 이 정보를 알려줌으로써 미래의 인플레이션과 관련된 의사결정을 보다 합리적으로 할 수 있는 기회를 제공할 것이다. 이 경우 기대인플레이션에 대한 시장의 평가는 명목금리채권과 물가연동채권의 만기수익률의 차이로 아주 쉽게 얻을 수 있게 될 것이다. 결과적으로 정부가 도입한 물가연동채권이 미래의 기대인플레이션에 대한 부정확한 예측 때문에 민간부문시장에서 나타날 수도 있는 시장의 실패를 치유해줄 것으로 예상된다. 뿐만 아니라 물가연동채권 시장에서 발생된 미래의 인플레이션 예상치에 대한 정보를 금융정책에 유용한 자료로 사용할 수 있게 해 준다. 정책당국은 이런 정보를 사용하여 보다 효과적인 통화정책을 수행할 수 있게 될 것이다.

16 소득세 물가연동제

많은 경제학자와 정부의 재정정책 담당자들은 중장기적인 조세개혁 방향으로 '낮은 세율과 넓은 세원'을 강조하고 있지만, 우리나라의 실상은 오히려 이에 역행하는 경우가 많았다. 그 한 예로 지난 1996년부터 2005년 사이, 근로소득자의 소득은 소폭 증가하는데 그쳤지만 세금은 대폭 뛴 것으로 나타났다. 국회 예산정책처가 이 기간 도시근로자 가구의 소득과 소득세를 분석한 결과 가계 근로소득이 6% 는데 반해 세금은 무려 13%가 치솟았다. 이런 이유 때문에 물가상승률과 연동된 소득세법으로서 소득세 물가연동제의 도입 필요성이 제기되고 있다.

물가상승률과 연동된 소득세법이란, 소득세액계산에 영향을 미치는 각종 변수, 예를 들어 근로소득공제, 인적공제, 근로소득세액공제, 필요경비공제, 과세표준금액 등이 전년도의 물가상승률만큼 자동으로 증액되도록 한다는 것을 의미한다. 단기적으로는 전체 소득세 체계를 물가상승에 따라 연동하는 것이 힘들 경우, 물가상승분세액공제를 도입하는 방법도 가능하다.

소득세를 인하하려면 세율을 낮추는 것도 방법이지만, 과세계급구간을 조정해도 되고, 아니면 공제한도를 조정해도 되기 때문이다. 소득세의 부담은 세율, 과세계급구간, 공제제도에 따라 달라진다. 그동안 소득세를 개편할 때마다 이 세 가지를 조정하는 과정이 계속되었고 이를 통해 연구자들은 해당 소득세제 개편의 효과를 분석하곤 했다. 그런데 이러한 분석에서 무시되는 것이 있다. 다름 아니라 물가변동에 따른 세부담의 변화가 그것이다. 물가상승이 컸는데 소득세체계의 변화가 전혀 없었다면 실질세부담은 늘어날 수 있다. 즉, 물가가 상승하여 명목임금이 상승했는데 소득세의 세율계급구간의 금액기준이 변화하지 않으면 누진세율체계에 따라 실질세부담은 증가하게 되고, 이로부터 근로자는 세후실질임금은 줄어들게 된다. 사실 그동안 물가상승기에 적절히 세율계급구간의 금액기준을 상향조정하지 않았는데, 그 결과로 근로자가 모르는 사이에 근로자의 실질세 부담이 커지게 되었다.

소득세 세율인하에 대한 찬반논란에서 소득세와 법인세의 세율을 세계적 추세에 따라 인하하는 것이 바람직하다는 주장이 보다 설득력을 얻어 왔다는 점을 고려하면 소득세 세율인하에 대해서 보다 근본적으로 검토할 필요가 있다. 특히 소득세 인하를 논할 때 보다 구체적인 인하방안에 대해 관심을 가져야 한다. 만일 모든 소득계층들의 임금인상률이 동일하다고 가정하면 이에 따른 소득세부담의 증가율은 저소득일수록 커진다. 따라서 물가변화까지 고려하여 소득세부담의 변화를 살펴볼 필요가 있다. 아울러 소득계층 간 세부담 변화를 살펴봄으로써 소득세의 누진도 추이 변화를 분석하는 것도 중요한 과제가 된다.

소득세 종합과세체계가 확립된 1975년 이후 최근까지 2~3년에 한번씩 소득세법 개정을 통해 세율체계, 공제제도, 세액공제제도가 변화하였다. 그러나 물가상승에 세율계급구간과 공제금액을 연동시키지 않는 한 세법개정을 통한 물가상승에 따른 조정은 별 의미가 없다. 또한 그 동안 높은 물가상승률과 임금상승률을 감안할 때 명목세 부담에 비해 실질세부담의 증가는 컸을 것으로 추정된다. 이는 그 동안의 소득세법 개정의 목적이 물가상승을 고려한 실질세부담의 안정화보다는 소득세체계의 단순화 혹은 세후소득분배의 변화에 있었기 때문이다. 따라서 1975년 이후 지금까지 과세구간과 공제제도를 물가상승을 고려하여 상향조정하지 않음으로써, 명목소득의 과세계급이 상승되어, 한계세율이 높은 구간으로 이동하게 되고 평균세율과 실효세율이 증가하게 되었다. 이는 물가상승과 임금인상을 고려한 실질임금이 이전과 동일함에도 불구하고 더 많은 세부담을 하게 하며, 정부 또한 소득재분배목표로 설정된 세후소득 불평등정도가 달성되었다고 판단하는 평가오류가능성이 커질 것이다.

이러한 불공평성을 근본적으로 막기 위해서는 임금이 늘어나는 이상으로 실질적인 세금이 늘어나는 것을 사전에 차단하는 장치를 소득세제도에 마련해야 한다. 보다 구체적으로 세율계급구간의 금액기준과 근로소득공제를 물가상승에 맞게 조정하는 체제를 갖추는 것이 그 장지인 것이다. 이를 통해 근로자의 세금 인상분이 명목임금상승보다 커지지 않도록 해야 한다. 또한 소득분포의 변화가 없고 제도변화가 없더라도 물가상승에 따라 과세계급구간을 상향조정(indexation)하지 않는다면, 정부의 조세수입이 증대될 뿐만 아니라 소득세누진도에도 영향을 미친다. 따라서 물가상승률과 정확하게 소득세체계를 연동시키는 제도는 다양한 누진성 측정지표의 종류와 무관하게 누진성을 전혀 변화시키지 않는 중립적인 제도라는 점에서 제도도입 필요성이 자주 제기되고 있다.

한 국가의 조세제도는 효율성, 형평성 등에 있어서의 변화를 가져오는 목적으로 개편된다. 특히 소득세의 경우 세율체계의 조정은 누진도의 변화를 목적으로 시도되는 경우가 많다. 그러나 우리가 확인할 수 있는 것은, 주어진 소득세의 세율체계 하에서 계급구간을 물가와 정확히 연동시키고, 나아가 공제금액 또한 물가와 연동하는 제도가 가장 중립적이고 나아가 형평성의 손실도 초래하지 않을 수 있다는 사실이다. 특히, 우리나라의 경우 그 동안 빈번한 소득세제 개편에도 불구하고, 여전히 세율체계가 물가변동에 불완전하게 조정됨으로써 의도하지 않았던 누진도의 변화를 초래한 경우가 많았다.

따라서 최근 선진국의 추세이기도 한 소득세제의 간소화 차원에서도 세율계급구간을 현행과 같이 4단계로 유지하되* 계급구간, 각종 공제제도 등을 물가변동에 연동시키는 제도적 변화를 검토하는 것이 바람직하다고 할 수 있다.

---

* 2009년 현재 소득세율 계급구간은 과세표준액 기준으로 1,000만원 이하, 1,000만원 초과 4,000만원 이하, 4,000만원 초과 8,000만원 이하, 8,000만원 초과의 4단계로 분류되어 있다.

17 물가변동 계약금액조정제도

일반적으로 '물가변동에 의한 계약금액의 조정'이 가능한 계약을 물가연동계약제라고 부른다. Escalation은 물가가 올라갈 경우에 부르는 용어이고 반대로 물가가 내려갈 경우는 Discalation이라고 부른다. 이것에 대한 법적인 근거는 국가를 당사자로 하는 계약에 관한 법률에 근거하고 있다.* 계약체결 후 일정기간이 경과된 시점에서 계약금액을 구성하는 각종 품목 또는 비목의 가격이 급격하게 상승 또는 하락된 경우 계약금액을 증감 조정하여 줌으로 계약상대자 일방의 예기치 못한 부담을 경감시켜 계약 이행을 원활하게 할 수 있도록 하는 것이 물가변동으로 인한 계약금액조정 제도이다.

이런 규정이 생겨난 이유는 다음과 같다. 공사공고가 나고 입찰을 하면 당초 설계된 가격에 발주자가 예정낙찰가격을 정하고 이 가격을 기준으로 시공하고자 하는 회사들이 얼마에 하겠다고 가격을 제시하게 된다. 그런데 공사기간이 길어지다 보면 예를 들어 입찰할 당시 100원짜리 자재가 1년이 지나니 300원이 되었다면 이로 인해서 공사시행에 부담

---

* 국가계약법 제19조(물가변동등에 의한 계약금액조정), 국가계약법시행령 제64조(물가변동으로 인한 계약금액의 조정), 국가계약법시행규칙 제74조(물가변동으로 인한 계약금액의 조정), 공사계약일반조건 제22조(물가변동으로 인한 계약금액 조정), 지수조정율 산출요령(회계예규) 등이 그것이다.

을 느끼게 마련이다. 그 결과 원가를 유지하기 위해 불량자재를 사용한다든지 공사를 중단하거나 부도가 발생할 우려가 생기게 된다. 이런 일을 막기 위해서 일정부분 입찰 당시보다 가격이 상승했다고 인정되면 공사가격을 올려줄 필요성이 생긴다. 반대로 물가가 좀 내려가게 된다면 공사금액을 일부분 감액하게 된다. 감액의 경우는 법에 명시되어 적용이 거의 없었지만, IMF외환위기 때 한번 환율이 크게 올랐다가 다시 환율이 급속히 빠지면서 딱 한 번 실제로 감액이 되는 일이 생긴 적이 있다.

Escalation이나 Discalation을 적용받기 위해서는 두 가지 요건이 모두 충족되어야 한다. 한 가지만 충족되어서는 안 된다. 첫째는 계약체결일 또는 입찰공고일로부터 90일 이상이 지나야 한다. 만약 물가변동에 의해 계약금액을 조정받은 적이 있다면 직전 조정일로부터 90일 이상이 경과되어야 한다. 둘째는 지수조정율이든 품목조정율이든 3% 이상의 변동이 있어야 한다. +3%든 -3%든 그 범위를 초과해야만 계약금액의 조정이 가능하다는 말이다.

지수조정율과 품목조정율은 이렇다. 물가조정율을 산출하기 위해서는 공사나 용역 등의 계약금액을 구성하는 단가들이 지금 시점에서 얼마만큼 올랐는지 정확하게 산출해야 한다. 그래서 공사원가를 구성하는 자재, 인건비, 장비비 등 각각의 항목을 하나씩 계약당시의 금액과 현재의 금액을 기준으로 적용하여 변경되는 공사비를 산출하고 상승율 또는 하락율을 산출하는 방법을 품목조정율이라고 부른다. 정확한 물가상승율을 산출할 수는 있지만 공사규모가 크다면 조정율을 산출하거나 확인하는데 상당한 노력과 시간을 필요로 하게 된다.

그래서 지수조정율이라는 것이 생겼다. 지수조정율은 일단 공사를 구성하는 아이템들을 특정한 항목으로 분류한다. 예를 들면 노무비(인건비), 공산품, 광산품, 기계경비 등으로 분류한다. 분류하는 기준은 별도로 정해져 있다. 이렇게 분류한 지수들이 차지하는 비중을 100분율로 구하고 지수들이 상승한 율을 차지하는 비중에 곱해 주어서 나온 값을 모두 더해 상승률을 구하는 방법이다. 예전이나 또는 지금이나 대부분의 공사현장에서 이런 지수조정율 방식을 적용하고 공사규모가 아주 적거나 설계나 감리용역등과 같이 구성요소가 단순한 경우에는 품목조정율을 적용했다.

그러나 몇 년 전 국가를 당사자로 하는 계약법이 수정되면서 이러한 규정이 계약 당시에 지수조정율을 적용하도록 명문화하지 않는다면 품목조정율을 우선적으로 적용하도록 개정되었다. 컴퓨터가 발달하고 인터넷이 활발하면서 정보의 수집과 관리가 용이하므로 정확한 물가상승율을 적용하도록 규정이 바뀐 것이다. 이때 조정요건도 바뀌었는데, 원래는 60일 이상에 5%이상이었고, 그 전에는 120일 이상에 5% 이상이었다.

18 원가연동제

우리나라에서 주택가격 안정은 과거 40여 년간 역대 모든 정권들이 가장 역점을 두고 추진했던 정책이었다. 특히 아파트 분양가격을 규제함으로써 주택가격을 안정시키려는 정책시도들은 주택가격 안정대책의 주요한 부분을 차지하고 있다. 이는 아파트 분양가격을 원가에 연동시킴으로써 아파트 가격을 안정시키려는 의도에서 비롯된 것이었다고 볼 수 있다. 그러나 대부분의 경우 이런 시도는 그 정책의도와는 달리 많은 비판을 받아왔고, 결과적으로 성공적이지 못했다는 평가를 받아온 것이 사실이다. 원가연동제가 제안되었던 2004년에 나온 다음의 두 문헌을 통해서 왜 이런 평가를 받게 되는지를 엿볼 수 있을 것이다.

원가연동제는 '정부미' 아파트를 양산한다.[*]

원가연동제는 땅값에 정부가 고시한 표준건축비를 보태 분양가를 정하는 것으로 1998년 분양가 자율화 이전까지 시행하던 제도다. 때문에 업체 이윤을 줄이고, 분양가를 낮추게 되는 효과를 얻을 수 있다. 게다가 높은 분양가가 기존 아파트 값을 밀어 올리는 부작용도 줄어들 수 있다. 분양성이 좋아지게 되기 때문에 시장 침체기에는 주택경기를 호전

---

[*] 중앙일보, 2004년6월4일자, 기사 중에서 일부인용.

시킬 수도 있다.

2004년 열린우리당은 "원가연동제를 시행하면 중소형아파트의 분양가를 30% 정도 내리는 효과가 있을 것"이라고 주장했다. 대체로 가격을 선도하는 택지지구의 아파트 분양가가 내리면 주변 지역의 분양가도 영향을 받을 수밖에 없다. 예컨대 2004년 6월 말경 선보일 동탄 신도시 시범단지 분양가는 평당 700만 원대로 예정돼 있다. 화성 태안이나 봉담 등 주변지역에서 분양 중인 개별사업지의 아파트도 동탄 신도시의 분양가를 감안해 가격을 채택하고 있다. 선호도가 높은 택지지구보다 분양가가 낮은 평당 600만 원대에서 내놓고 있는 것이다.

달리 말하면 택지지구에서 분양가가 싸게 나오면 택지지구보다 수요가 적은 주변 지역의 민간아파트 분양가는 그 이하로 낮아질 가능성이 크다는 뜻이다. 그만큼 택지지구내 원가연동제는 해당지역 분양가 산정의 잣대가 되기 때문에 가격을 억제하는 중요한 요소가 될 수 있다. 모 건설업체의 한 임원은 "땅값과 건축비가 낱낱이 공개되는 택지지구의 국민주택 규모만큼은 구체적인 비교 대상이 생기는 것이므로 일반시역 민영아파트의 분양가를 낮추는 데 간접적인 영향을 줄 것"이라고 말했다.

그렇다고 지금보다 분양가가 30%나 떨어진다는 것은 과장됐다는 게 업체들의 대체적인 견해다. 주택개발업체인 S사 사장은 "콘크리트에 장판과 도배만 한다면 30% 정도 낮출 수 있지만 현재의 소비자 눈높이와 추세로 볼 때 불가능한 일"이라고 말했다.

똑같은 품질의 물건을 낮은 가격에 받을 수 있어야 원가연동제의 의미가 있다. 주택업계 관계자들은 "보통 아파트 사업에서 얻는 수익은 평균 5~10% 정도"라며 "현재와 비슷한 수준의 마감재로 시공한다는 것을 전제로 할 때 원가연동제가 되면 10% 정도는 떨어뜨릴 수 있을 것"이라고 말했다.

분양가가 낮아지면 청약과열 현상이 빚어질 것이라는 우려가 있다. 모 연구소의 소장은 "중소형은 실수요자들이 가져가야 할 몫인데 원가연동제가 되면 투기수요가 많이 붙을 가능성이 크다."고 말했다. 이 때문에 건설교통부는 청약배수제 도입 등 청약자격을 강화하고 입주 후 일정 보유기간을 의무화하는 등 가수요 차단제도의 도입을 고려하고 있다.

공사비가 줄어든다는 점을 감안하면 부실시공의 여지가 있으므로 감리제도의 강화가 필요하다는 지적도 있다. 표준건축비를 어떤 수준에서 정할지 모르지만 분양받은 소비자가 입주 후 마감재를 뜯어내고 인테리어를 다시 하는 자원낭비 사례도 빈번할 것으로 점쳐진다. 원가연동제를 적용한 32평 형짜리를 2억원에 분양받아 입주 때 인테리어 비용으로 3,000만원을 들인다면 분양가 인하의 의미가 없어지는 셈이다. 경제정의실천시민연합도 "원가연동제는 일시적인 분양가 인하효과는 있지만 근본적인 안정책이 될 수 없다."고 주장한다.

원가연동제 실상 알기[*]

개혁을 앞세우고 있는 참여정부가 부동산 정책에 있어서만은 과거로

---

[*] www.drapt.com(닥터아파트) 중에서.

돌아가고 있습니다. 열린우리당은 집값안정과 서민들의 내 집 마련에 도움도 되지 않는 원가연동제를 부활시키려고 합니다.

이에 앞서 먼저 원가연동제를 간략히 소개합니다. 원가연동제는 지난 99년 1월 사실상 폐지됐습니다. 다만 현재 국민주택기금을 지원받아 건설하는 전용면적 18평이하 주택에 대해서만 국민은행에서 분양가를 심사하고 있어 명맥을 유지하고 있습니다.

원가연동제가 적용되면 분양가는 택지비＋건축비(적정이윤 포함)로 결정됩니다. 여기서 택지비는 공공택지의 경우 공급가격이 되는 것이고 건축비는 매년 물가상승 등을 고려해 건설교통부장관이 결정하게 됩니다. 즉 분양가를 주택건설업체가 아닌 정부가 결정하는 것입니다.

다만 건설업체는 입주자의 선호도에 따라 평형별, 층별, 주택별 분양가격을 분양총액 범위 내에서 조정, 차등을 둘 수 있습니다.

문제점1 : 분양가 인하효과가 미미합니다.

공공택지에서 공급되는 전용면적 25.7평 이하 주택물량은 전체 공동주택의 20%에 불과합니다. 특히 분양가 인상의 주범으로 일컫는 서울에서는 공공택지가 사실상 전무해 분양가 인하 효과를 기대할 수 없습니다. 여당(필자 주 : 당시 열린우리당)의 주장대로 원가연동제로 분양가가 30% 인하된다고 하더라도 분양권 프리미엄(합법이든 불법이든 상관없이)은 인근 아파트 시세 수준으로 치솟을 것입니다. 또 주택건설업체는 사업을 포기하지 않는 한 원가연동제로 삭감된 이윤을 25.7평 초과나 민간택지 아파트 분양에서 보충하고자 할 것입니다. 이에 대한 피해는 고스란히 소비자인 국민이 지게 됩니다.

문제점2 : 아파트 품질은 '정부미'가 될 것입니다.

주택산업연구원의 모 연구원은 한 신문사와 인터뷰에서 "원가연동제가 실시되면 이를 적용받는 아파트와 일반 민간 아파트는 정부미와 일반미처럼 품질 격차가 크게 벌어질 것"이라고 말했습니다. 핵심을 찌르는 표현입니다.

지금 한번 원가연동제가 적용된 시영아파트와 적용되지 않은 민영아파트 25평형 내부를 보시면 현실을 뼈저리게 아실 것입니다. 건축비를 규제하는 원가연동제로 분양가가 인하된 만큼 주택건설업체는 이윤을 유지하기 위해 마감재는 물론 붙박이장, 신발장, 싱크대, 변기, 욕조, 냉난방시스템 및 홈 네트워크 설비 등의 질도 떨어뜨릴 것입니다.

첨단을 달리고 있는 아파트 품질이 20세기로 후퇴하더라도 분양가만 낮추면 된다는 발상은 잘못입니다. '정부미' 아파트에 입주하는 국민은 분양가 인하로 수혜를 받는 것이 아니라 교체 및 개별구매에 따른 비용 부담과 하자보수 및 부실공사로 인한 짐을 떠안게 될 것입니다.

문제점3 : 청약시장은 '로또화' 될 것입니다.

청약통장은 서민만 갖고 있는 것이 아닙니다. 만 20세 이상이면 누구나 가입할 수 있습니다. 즉 100억 자산을 갖고 있는 부자이든 1천만 원 보증금으로 사글세를 사는 서민이든 누구나 평등하게(?) 청약통장을 소유하고 있습니다.

이런 상황에서 2005년 분양될 판교신도시에 원가연동제가 도입되면 수도권 1순위자 1백48만1천명(2004년 4월말 현재 수도권 청약예금 25.7평 이하 및 30.8평 이하 1순위 80만4천명, 청약부금 1순위 42만8천명, 청약저축 1순위 24만9천명)이 분양가 인하에 따른 시세차익을 노리고 대거 청약에 나설 것입니다.

    판교신도시에서 국민임대를 제외하고 원가연동제 대상 25.7평 이하 아파트는 1만3천6백 가구입니다. 보수적으로 잡아서 수도권 1순위자의 50%가 청약한다고 하더라도 평균 54대 1의 경쟁률을 기록하게 됩니다. 무주택 우선공급이 적용되고 32평형에 몰릴 것을 감안하면 인기단지의 경우 3백대 1 이상을 기록할 것입니다.
    시세차익을 노린 청약시장은 '로또시장'이 되고 당첨자 발표 후 불법 전매가 난무하고 떴다방이 다시 제멋대로 날뛸 것입니다. 내 집 마련에 도움이 되지 않고 문제점만 가득한 원가연동제는 또 다른 투기시장만 양산시킬 것입니다.

19 물가의 결정요인

개별상품의 가격이 수요와 공급의 관계에 의해 결정되고 변동되는 것과 마찬가지로 물가 또한 국민경제 전체의 총수요와 총공급의 관계에 의해 결정되고 변동된다. 그러면, 물가변동의 주요 원인인 총수요와 총공급에 영향을 미치는 요소에는 어떤 것들이 있을까?

먼저 총수요에 영향을 주는 요인으로는 통화량, 소득, 인플레이션 기대심리 등이 있다.* 통화량은 그 중에서도 가장 중요한 요소이다. 통화량, 즉 돈이 많이 풀리면 상품에 대한 수요가 늘어나게 되는데, 이때 만일 상품의 공급이 수요가 증가한 만큼 늘어나지 못한다면 통화량 증가는 곧바로 물가상승으로 이어지게 된다.

다음으로 가계의 구매력을 결정하는 소득이 있다. 통상 가계의 소득이 증가하면 소비수준도 높아지게 마련이므로 상품에 대한 수요가 늘어나게 된다. 또한 인플레이션 기대심리(물가오름세 심리)도 가수요를 유발하여 수요를 증가시킨다. 인플레이션 기대심리가 사회에 만연될 경우 가계는 그들의 여유자금과 소득의 실질가치가 감소되는 것을 방관

---

* 이같이 총수요의 요인으로 인해 발생되는 인플레이션을 수요견인(demand pull)인플레이션이라고 부른다.

하기보다는 예상되는 인플레이션에 대처하기 위하여 소비를 앞당기거나 부동산과 같은 실물자산을 구입하려 할 것이다. 기업도 역시 인플레이션을 기대하여 새로운 기계의 구입에 적극성을 띠게 될 것이다. 그 결과 소비수요와 투자수요가 늘어나 물가의 오름세를 더욱 부추기는 요인이 된다.

한편, 총공급에 영향을 주는 요인으로는 생산원가에 직접적으로 영향을 미치는 원자재가격, 환율, 임금, 세금, 이자, 부동산임차료 등이 있다. 부존자원이 부족한 우리나라는 원자재의 상당부분을 수입에 의존하고 있어 국제원자재가격의 상승이 국내물가에 큰 영향을 미치고 있다. 1973년과 1979년의 석유파동 직후 국내물가가 연간 40% 이상 올랐던 것이 그 좋은 예이다.

그리고 외국으로부터 상품을 수입하기 위해서 미달러화를 비롯한 외국통화를 사용하는데 수입품의 외화표시 가격이 변하지 않더라도 환율이 변동하면 원화로 환산한 국내수입가격이 변동하기 때문에 환율도 국내물가에 영향을 미친다. 환율이 오르면, 원화로 환산한 수입품의 가격이 상승하므로 국내물가는 오르게 되며, 환율이 내리면 국내물가는 떨어지게 된다. 외환위기로 환율이 32%나 상승하였던 1998년에 생산자물가와 소비자물가가 각각 12.2%, 7.5% 상승한 바 있다.

임금은 기업의 제조원가를 구성하는 주요 항목으로 비용 면에서 물가를 변동시키는 요인이 된다. 그러나 임금이 상승한다고 하더라도 물가가 항상 오르는 것은 아니다. 즉, 임금이 10% 오른다고 하더라도 노동자의 생산성이 10% 향상된다면 기업의 입장에서 상품가격을 인상시키지 않아도 될 것이다. 다만, 임금이 생산성 향상보다 가파르게 오른다면 그 초과하는 부분만큼은 제조원가의 상승을 통해 물가상승압력으로 나타나게 된다.

그 밖에 세율인상에 따른 세금부담의 증가, 금리상승에 따른 이자 및 부동산 임차비용의 상승 등도 기업의 제조원가를 상승시켜 결과적으로는 물가를 오르게 만들 수 있다.[*]

총수요나 총공급을 직접 변화시키는 요인 이외에도 유통구조나 경쟁과 같은 경제구조적 요인,[**] 정부의 가격관리정책, 수입자유화 등과 같은 제도적 요인도 물가에 영향을 준다. 즉, 유통단계가 복잡할수록 상품가격에 유통마진이 추가됨에 따라 물가수준이 높아지며, 시장형태가 정보통신산업처럼 독과점 구조일 경우에는 상품가격이 일부 기업에 의해 주도적으로 결정됨에 따라 물가수준이 높아질 가능성이 크다. 최근에는 대형 할인점 및 인터넷쇼핑몰의 확산과 공정거래위원회 등의 독과점품목에 대한 가격담합 규제도 물가안정에 기여하고 있다. 그 밖에도 우리나라의 수입자유화를 통해서 중국, 동남아시아 등의 외국으로부터 값싼 농산물, 공산품이 대량으로 국내에 공급됨으로써 2000년대 국내물가안정에 크게 기여했다.

---

[*]   이런 이유로 인한 인플레이션을 비용인상(cost push)인플레이션이라고 부른다.
[**] 이런 요인으로 발생되는 인플레이션을 관리가격(administered price)인플레이션이라고 부른다.

20 화폐수량설

통화량의 변동이 물가를 변동시키는 유일한 원인이라고 보고, 통화량과 물가의 두 변수들의 변동에서 생기는 인과관계와 상관관계를 법칙화한 것을 화폐수량설(quantity theory of money)이라고 한다. 즉, 물가변동은 통화량의 증감에 의하여 나타나는 결과이며, 두 변동경향에는 매우 밀접한 관련이 있다는 것을 주장하는 학설을 총괄하여 말한다.

그러나 통화량의 변동과 물가변동 사이의 상관관계에 대한 견해는 구구하므로 화폐수량설의 정확한 정의를 내리기는 어렵다. 통화량과 물가와의 사이에 있는 긴밀한 관계라고 말하는 경우가 있는가 하면, 통화량의 변동과 물가변동 사이의 비례관계라고 단정하는 경우도 있다. 또 화폐수량설은 물가수준을 통화와 재화의 수량관계에서 파악하여 표시하는 까닭에 방정식으로 표시된 것으로만 국한한다는 이론도 있다. 이와 같이 개념이 구구한 까닭에 슘페터(J. A. Schumpeter)는 화폐수량설의 엄밀한 개념규정을 단념하고 각자의 판단에 맡길 수밖에 없다고 했다.[*]

화폐수량설이란 화폐와 물가의 관계에 대한 일련의 이론을 일컫는

---

[*] 김서봉, 화폐금융론, 박영사, 1979, pp.84~85.

말이다. 화폐수량설은 수 백년 전부터 형성되기 시작했고 중요한 명제들은 흄(David Hume, 1711~1776), 손튼(Henry Thornton),* 피셔(Irving Fisher)** 등에서 이미 찾아볼 수 있다. 이들 분석에는 두 가지 공통점이 있다. 첫째는 명목통화량이 증가하면 일반 물가수준이 상승한다는 것이고, 둘째는 실증적으로 명목통화량의 움직임이 물가수준의 장기적 변화를 대부분 설명한다는 것이다.

19세기에 들어서면서 경제학이 한편으로는 이론적으로 정교해지면서, 다른 한편으로는 현실과 점차 유리됨에 따라서 화폐수량설은 오늘날에 있어서와 같은 형태를 갖추게 되었다. 이리하여 19세기의 후반기와 20세기의 전반기, 특히 케인즈의 일반이론이 출간되기 전에는 거의 모든 이론가들에 의해서 영국에서나 유럽대륙에 있어서나, 그리고 미국에 있어서나 대부분 화폐수량설에 의존해서 화폐이론이 전개되어 왔다.

화폐수량설은 국내물가수준에 관한 이론이었을 뿐 아니라, 그것은 또한 19세기 금본위제도에 입각한 국제수지조정론의 기초를 이루고 있었다는 점을 간과해서는 안 된다. 간략히 말해 화폐수량설은 이른바 가격정화유동장치價格正貨流動裝置(price-specie flow mechanism)를 통하여, 각국의 중앙은행이 은행권발행에 관한 일정한 준칙만 준수한다면, 자유무역에 의하여 국제무역의 균형은 자동적으로 달성된다는 이론이었다.

가격정화유동장치의 이론을 간략히 기술하면 다음과 같다.

---

* Thornton, Henry., *An Inquiry into the Nature and Effects of the Paper Credit of Great Britain*, London: J. Hatchard, 1802.

** Fisher, Irving., *The Purchasing Power of Money*, New York: Macmillan, 1926.

무역수지의 흑자가 있으면 금이 국내로 유입된다고 하자. 이 때 통화당국이 지켜야 할 준칙은 금의 유입량에 비례하여 은행권의 발행을 증가시켜야 한다. 그러면 화폐수량설에 의하여 물가가 상승한다. 국내에서 물가가 상승하면 수출이 차츰 감소하고 수입이 증가하여, 무역수지의 흑자가 자동적으로 해소된다. 반대로 무역수지의 역조가 있는 경우에는 외환시장에서 자국화폐의 가격이 하락하게 되는데, 그 하락폭이 금의 수송비를 초과하게 되면 금이 외국으로 유출된다. 금의 유출이 있을 때에 화폐당국이 준수해야 할 준칙은 은행발행권의 양을 금의 유출량에 비례하여 감소시켜야 한다는 것이다.

이렇게 하여 화폐량이 감소하면 국내물가가 하락한다. 국내물가의 하락에 따라 수출이 차츰 증가하고 수입이 감소함으로써 무역수지의 균형이 회복된다. 만약 무역수지가 균형을 이룬다면 통화량의 변화는 없을 것이고, 따라서 물가도 안정적일 것이다. 이렇게 무역수지가 균형일 때의 화폐량을 적정화폐량이라 할 수 있다. 왜냐하면 이 때의 통화량은 국내적으로는 완전고용을 달성할 것이고, 국제적으로는 국제수지균형을 맞추어줄 것이기 때문이다. 따라서 화폐당국이 해야 할 일은 준칙에 따라 적정수준의 화폐량을 유지하는 것이다.

19세기 영국은 금본위제도의 자유무역에 의하여 세계를 지배하는 강국이었으므로, 이 제도를 지탱하는 이론인 화폐수량설이 중요시되지 않을 수 없었다. 한마디로 화폐수량설은 국내물가안정에 관한 이론으로 중요한 것이 아니라, 국제수지의 균형유지를 위한 이론으로서 오히려 더 중요성을 가지고 있었던 셈이다.[*]

---

[*] 조 순, 화폐금융론, 비봉출판사, 1987, pp.268~269 참조.

21 통화와 물가 - 물가변동의 원인

통화가 물가변동을 초래하는 원인은 두 가지 측면에서 설명할 수 있다. 화폐의 질과 통화량이 그것이다.

화폐의 질이 나빠짐으로써 물가상승을 유발한 예는 역사에서 허다하게 찾을 수 있다. 특히 금이나 은 등의 금속이 화폐로 사용된 경우 그러하다. 금속화폐의 경우 처음에는 누구든지 화폐를 자유롭게 주조할 수 있었으나, 섬차 화폐주조권이 통치권자에 의해서 독점화되면서 문제가 생기기 시작했다. 그 결과 화폐주조권을 장악한 통치자는 그 권한을 악용하여 자신의 사치를 충족시키거나 국가재정의 궁핍을 완화시키는 수단으로 악용하는 사례가 빈번해지기 시작했다. 일정량의 금이나 은으로 규정된 양의 화폐보다 더 많은 화폐량을 생산한 것이다.

처음에는 금이나 은의 함량을 줄여서 화폐의 질을 악화시켰으나 점차 중량마저 감소시키는 주조개악鑄造改惡(debasement)이 보편화됨에 따라서 소재가치가 높은 화폐는 유통되지 않고 환전상들에 의해서 퇴장되는 현상이 발생되었다. 이런 주조개악이 유럽에서는 13세기 십자군 원정과 더불어 시작되어, 16세기 중엽 가장 심하게 나타났다. 1550년에서 1560년 사이 이런 현상이 극에 달했는데 그레샴(T. Gresham)은 이를 가리켜 "악화가 양화를 구축한다."는 그레샴의 법칙(Gresham's law)을 주장하기도 했다. 이로 인해서 물가는 폭등한 반면 환전상은 이득을 취할 수 있었다.

우리나라 역사에서도 화폐를 주조개악한 경험이 있다. 이조말기에 유통된 소위 당백전當百錢이 그것이다. 즉, 대원군이 집권하자 재정의 궁핍을 완화하고 경복궁의 증축비용을 염출하기 위해 주조개악하여 당백전을 발행했던 것이다. 종래 유통되던 상평통보는 한 개 1文으로 통용되었으나, 당백전은 錢으로 하고, 그 유통가치는 100文에 해당하게 정하였다. 그러나 화폐 자체의 가치는 종래 화폐의 20분의 1에도 미치지 못하는 것이 되어 버렸다. 그 결과 종래에 유통되던 상평통보는 유통계에서 사라지고 물가는 폭등하여 백성들의 고통은 극에 달하였다.*

유통되는 주화의 질이 악화되면 물가가 등귀하는 이유는 화폐자체의 가치가 하락하기 때문이다. 가치가 하락한 화폐로는 이전보다 더 적어진 재화를 구매할 수 밖에 없다. 동일한 액면가치인데도 더 적은 재화를 구입하는 것은 물가상승을 의미한다.

그러나 금이나 은과 같은 금속화폐가 아닌 현재와 같은 관리통화제도 하에서는 주조개악이라는 현상이 있을 수 없다. 또한 화폐의 질이라는 개념도 전혀 다른 의미로 사용된다. 현대사회에서는 화폐의 명목화에 따라서 화폐의 질도 추상적으로 파악하여 화폐에 대한 대중의 신뢰수준이라고 해석한다.

---

* 이도만, *이조사회경제사연구*, 대성출판사, 1948년, p.189.

화폐에 대해 일반대중이 갖는 신뢰도의 강약에 따라서 물가는 변동하는 것이다. 화폐에 대한 신뢰도는 두 가지로 결정된다. 즉, 화폐의 기능에 대한 신뢰도와 그 구매력의 안정성에 대한 신뢰도가 그것이다. 화폐의 기능에 대한 신뢰도가 극도로 저하되어 화폐를 못 쓰게 될지도 모른다는 상태가 되면 보유화폐를 즉시 재화구매에 사용하려할 것이므로 물가가 폭등하게 된다. 그리고 화폐의 구매력이 불안정해지면서 감소하려는 기미를 보이게 되면 경제주체들이 이런 화폐를 즉시 사용하려 하기 때문에 화폐의 유통속도가 상승하면서 물가가 상승하게 된다.

오늘날의 관리통화제도 하에서 한 국가의 화폐 질은 그 나라의 경제력을 반영하는 것이라고 할 수 있다. 왜냐하면 경제력이 강한 나라는 경제에 대한 신뢰도가 높아지므로 화폐의 질은 상승하게 된다. 그 결과로 물가수준은 안정될 것이다. 반면 경제력이 약한 국가는 화폐의 질도 낮아짐으로써 물가수준도 불안정해 질 것이 분명하다.

22 통화와 물가 - 다양한 시각들

물가변동에 영향을 미치는 중요한 화폐적 요인의 다른 하나는 통화량이다. 통화량이 물가변동에 가장 중요한 요인이라고 주장한 최초의 학자는 보딩(J. Bodin)이었다.

16세기 후반 프랑스의 물가급등현상의 원인으로 보딩은 네 가지를 지적하였다. 즉, 금은의 증가, 투기의 발생, 수출에 의한 국내재화의 부족, 왕족들의 사치 등이다. 그 중에서 금은 증가가 가장 주도적 원인이라고 보았다. 금은의 증가는 화폐유통량의 증가를 의미한다. 이 화폐유통량이 증가할수록 물가상승이 나타나는 이유는 금은도 다른 재화와 같이 그 수량이 많을수록 낮게 평가되기 때문이라고 생각했다.

이런 시각은 그 당시의 중상주의자들의 지배적 견해였다. 그러나 통화량의 변동을 물가변동의 유일한 원인으로 파악하고 이론을 체계화한 것은 리카아도(D. Ricardo)였다. 그는 금은 곧 화폐라는 소재주의素材主義 화폐관에 입각해서 물가변동을 주장했다. 만일 여러 나라 중에서 한 나라에서 금광이 발견된다면, 그 나라의 유통계에 투입되는 귀금속량이 증가하는 까닭에 화폐가치는 하락할 것이다. 그러므로 이 나라의 화폐가치는 다른 나라의 화폐가치와는 달라질 것이라고 보았다.

리카아도는 물가상승 즉 화폐가치의 하락에 대한 대책은 귀금속을 외국으로 수출하거나 불환지폐를 회수하는데 있다는 주장을 하여 통화학파*의 주창자가 되었다. 밀(J. S. Mill) 역시 리카아도의 견해를 계승하여 화폐량변동과 물가변동의 인과관계를 일원적으로 해석하여 두 변동은 비례적이라는 점을 강조했다. 즉 밀에 의하면 한 경제사회에서 유통하는 화폐량이 감소하는 반면 판매할 재화량에 변동이 없는 경우는 화폐량이 감소한 비율만큼 물가는 떨어진다는 것이다. 즉 다른 사정에 변동이 없다면 화폐가치는 화폐의 유통량에 반비례하므로 화폐의 유통량이 증가하면 화폐가치는 떨어지고 반대의 경우는 상승한다는 것이다.

리카아도, 밀 등과는 극히 대조적으로 화폐량의 변동은 물가변동의 결과이며 결코 원인은 아니라는 견해도 있다. 화폐수량설은 물가가 화폐량에 의해서 결정된다고 하는데, 오히려 화폐량이 물가에 의하여 결정된다는 은행주의자들의 주장이 그것이다. 이들 은행주의자들은 화폐량은 외생적 내지 독립적으로 결정되는 것이 아니라 국민의 경제활동 결과에 의해서 내생적으로 결정된다고 본다. 은행은 은행권의 양을 자유롭게 증감할 수 있고, 은행권이 과다하게 발행됨으로써 물가가 상승한다고 화폐수량설은 주장하지만 은행권은 유통필요량을 초과하여 발행될 수 없고, 유통과정에서 잉여가 된 은행권은 다시 은행으로 환류하게 된다는 것이다. 현재 은행의 신용제도를 고려해 보면, 화폐량이 외생적 내

---

* 1835~1839년 사이 영국에서 공황이 발생했다. 이 공황의 원인과 대책에 관하여 전문가들 사이에서 격렬한 논쟁이 일어났는데 이를 통화논쟁(currency controversy)이라고 부른다. 이 논쟁은 화폐와 은행의 본질에 관하여 견해를 달리하는 두 개의 학파 사이에 이루어졌다. 통화학파(currency school)와 은행학파(banking school)가 그것이다. 통화학파의 기본적 견해들은 다음과 같다. 화폐로서 가장 완전하고 기본적인 것은 금화이다. 금화 양의 변동에 비례해서 물가가 변동한다. 수표와 같은 불환지폐(오늘날의 예금화폐)는 화폐의 대체물이지 화폐라고 볼 수 없다. 공황은 일반적 물가등귀에 의해서 선행되며, 이는 화폐의 초과공급에 기인한다고 주장한다.

지 독립적으로 결정된다기보다는 국민경제의 화폐수요에 의해서 내생적으로 결정된다는 측면을 강조한 이들의 이론은 상당한 설득력을 갖고 있어 보인다.

은행주의자들의 화폐수량설 비판논거는 마르크스주의 경제학자들의 주장에서도 나타난다. 그들의 주장에 의하면 한 경제사회에서 화폐는 상품의 구매수단으로서 기능을 담당한다. 그러므로 그 사회에서 필요한 화폐량은 개개 상품의 가격이 높을수록, 그리고 화폐의 유통속도가 느릴수록 많아야 한다. 반대의 경우는 그 사회의 화폐량은 감소하여야 한다.

상품가격의 총 합계액은 유통수단으로 이용되는 화폐량과 화폐의 유통속도의 곱과 같다고 정의한다. 따라서 유통수단으로 이용되는 화폐량은 상품가격의 총 합계액을 화폐의 유통속도로 나눈 값과 같아진다. 상품가격의 총 합계액은 각 개별상품의 가격과 거래량을 각각 곱한 후에 모든 상품들에 대해 이 값들을 합해서 얻어진다. 그러므로 화폐의 유통량은 상품의 가격, 상품의 거래량, 화폐의 유통속도 등의 세 가지 요인의 변동에 따라 변동하는 것이기 때문에 물가가 화폐량에 의하여 좌우된다는 견해는 큰 오류라고 본다.[*]

이와 같은 이설들이 있기는 하지만 화폐량의 변동이 물가변동의 유력한 원인이라는 주장은 오랫동안 계속되었으며, 1930년대에 이르기까지 물가이론으로서는 유일무이한 것이었다. 특히 20세기 초부터는 화폐

---

[*] 김서봉, 화폐금융론, 박영사, 1979, pp.83~84 참조.

량과 물가와의 관계를 방정식으로써 나타내려는 시도가 이루어지기 시작한다. 이것에 속하는 것으로는 거래수량설去來數量說, 잔고수량설殘高數量說, 소득수량설所得數量說 등이 있다. 이와 같은 여러 가지로 변형된 형태의 물가이론들을 모두 총칭해서 화폐수량설이라고 부른다.

23 케인즈의 물가이론

케인즈 물가이론의 특징은 물가변동을 경기변동의 과정과 연결하여 설명함으로써, 물가이론을 소득이론에 융합시켰다는 점이다. 케인즈 이전의 물가이론인 화폐수량설은 화폐의 흐름이 재화의 생산과정과 어떻게 연결되어 있는지 파악하지 못하고 있었다. 그러므로 화폐수량설은 어떤 유형이건 공통적으로 한 편에 화폐량을 두고 다른 편에 있는 재화량과 비교함으로써 물가이론을 전개하고 있다.

케인즈의 물가이론은 생산량의 변동을 수반하는 경기변동에 따라서 화폐량과 물가가 서로 어떻게 작용하는가에 대해서 다음과 같이 설명한다.*

(1) 화폐량이 증가하는 경우에도 그 증가율만큼 시장에 공급될 재화량이 증가하면 물가변동은 야기될 수 없는 것이다. 이와 같은 현상은 경기상승의 초기단계 곧 회복국면에서 종종 나타나는 현상이다. 개개의 기업이 생산증대를 목적으로 운전자금을 많이 수요하는 까닭에 화폐량은 증가하며, 그 운전자금에 의하여 실업상태의 노동력과 유휴상태의

---

* L. Smith, *Money, Credit and Public Policy*, Houghton Mifflin, Boston, 1959, pp.54~56 참조.

생산시설을 가동하므로 생산량은 증대하며 물가에는 영향을 미치지 않게 된다.

  (2) 화폐량의 증가에 수반하여 생산량이 증가하는 경우에도 전자의 증가율이 후자의 그것보다 높은 경우에는 물가상승을 유발한다. 경기상승이 회복국면을 지나 활황국면에 이르면 종종 나타나는 현상이다. 금융기관으로부터 새로 공급된 자금은 화폐소득이 되어 소비 지출되는데도 불구하고 재화는 아직 생산과정에 있어서 출하되지 못하는 경우인 것이다.

  (3) 화폐량이 증가하는 경우에도 재화의 공급량에 거의 변동이 없으면 물가는 상승한다. 경기진행이 활황국면에 도달하면 종종 나타나는 현상이다. 활황국면에서 기존생산시설은 완전가동되고 노동력도 역시 완전고용상태에 있는 까닭에 생산량의 증가는 어려운 상태이다. 그리고 전시에도 이와 같은 현상이 나타난다. 정부는 전비조달을 위한 적자재정으로 화폐량을 증가시키는데도 민간용 재화생산은 노동력부족과 시설부족으로 증가되지 않기 때문이다.

  (4) 화폐량의 증가경향이 뚜렷한데도 재화의 공급량이 오히려 감소하는 경우에는 물가상승은 크게 나타난다. 예로 전쟁으로 생산시설이 파괴된 경우나 인플레이션이 누적되어 생산의욕이 감소하는 반면 투기가 왕성하면 역시 그러하다.

  (5) 화폐량이 감소하는데도 그것에 대응할 재화의 공급량이 증가하는 경우에는 물가는 떨어진다. 경기하강이 시작하는 단계에서 종종 나

타나는 현상이다. 개개 기업은 금융기관의 긴축금융 또는 자금회수로 인하여 금융압박을 받게 되므로 생산물을 판매하여 그 압박에서 벗어나려는 까닭에 물가하락이 나타난다. 투기목적으로 재화가 보유되는 경우, 물가하락으로 보유 재화의 가격하락이 예측되면 투매가 일어나면서 물가는 폭락현상을 보이기도 한다. 이같은 현상은 주식시장이나 부동산시장에서 자주 관찰되며, 심할 경우 경제공황으로 발전할 수도 있다.

(6) 화폐량과 재화의 공급량이 함께 감소하는 경우에도 전자가 후자보다 심하게 감소하면 물가하락 현상이 나타난다. 이런 현상은 경기침체 국면에서 자주 나타난다. 경기침체로 기업의 도산과 실업의 두려움으로 경제주체들이 비상시를 대비하여 재산을 안전한 화폐형태로 보유하려는 경향이 높아지는 경우, 시중에 유통되는 화폐량의 감소가 재화의 생산량보다 훨씬 더 빠르게 감소할 수 있다.

(7) 화폐량과 공급되는 재화량이 대체로 같은 비율에 의해서 떨어지는 경우에는 물가수준은 비교적 안정된다. 이런 현상은 경기침체가 끝날 무렵의 경기전환시기에 종종 나타난다.

(8) 화폐량의 변동은 없으나 재화의 공급이 크게 감소하면 물가는 상승한다. 농산물의 경우 대흉작으로 농산물가격이 폭등하는 경우가 그것이다. 그리고 노사분규로 인해서 전면적으로 생산이 감소하는 경우에도 그러하다.

24 빅셀의 물가이론

빅셀은 실물경제에 대한 통화의 작용을 자연이자율과 화폐이자율의 변동을 통하여 나타나는 것으로 이해하고 그에 따라 물가는 변동한다고 보았다. 먼저 두 이자율에 대한 개념을 이해할 필요가 있다.

자연이자율(natural rate of interest)은 화폐가 유통되지 않는 실물경제 사회에서 실물자본을 빌릴 경우 지급해야하는 이자율을 의미한다. 실물자본을 빌리려는 수요량과 빌려주려는 공급량을 균형시키는 이자율인 셈이다. 결과적으로 자연이자율 수준은 실물자본을 이용함으로써 더 생산할 수 있는 생산력과 같을 것이다. 그러므로 자연이자는 자본의 한계생산력과 대체로 같으며 자연이자율은 실물자본의 수익률과 같은 것이다.

화폐이자율(monetary rate of interest)은 은행 또는 대부자본가에 의하여 대부되는 화폐이자의 현실이자율을 말한다. 화폐이자율은 화폐자본에 대한 수요와 공급에 의하여 결정되는 것이므로 실물자본의 수익률과는 관계없이 결정되는 것이다.

빅셀은 실물경제와 화폐경제의 두 세계에서 자연이자율과 화폐이자율을 파악하고, 전자와 후자의 관계를 중심으로 물가변동을 설명하려 시도한다. 이 두 이자율은 경제의 균형상태에서는 일치하지만, 경제의 불균형상태에서는 불일치하게 된다. 요컨대 화폐이자율은 자연이자율을 중심으로 상하변동을 반복한다. 즉 화폐자본을 차용하는 목적은 그 자본을 이용하여 이윤을 추구하는데 있는 까닭에 화폐이자율이 실질이자율보다 높으면 화폐자본의 수요는 감소한다. 반대로 화폐이자율이 실물이자율보다 낮은 경우에는 화폐자본을 차용하여 생산하면 이윤을 획득할 수 있으므로 자금수요는 증가한다.

시장이자율이 자연이자율보다 낮으면 기업가들은 투자를 확대할 것이므로 경제는 누적적으로 팽창할 것이며 따라서 물가는 계속 상승할 것이다. 반대로 시장이자율이 자연이자율보다 높으면 경제는 누적적으로 수축되어 물가는 하락한다는 것이 그의 설명이었다.

두 이자율의 괴리는 경제변동과 물가변동을 초래한다는 것이다. 즉, 자연이자율과 화폐이자율이 일치하는 경우에는 화폐적 균형이 성립하여 실물경제에 대한 화폐의 적극적 작용은 없으므로 물가는 안정된다. 그러나, 화폐이자율이 자연이자율보다 낮으면 생산확장으로 경기상승을 유발하고 물가상승을 초래한다. 그리고, 반대의 경우에는 불경기와 물가하락이 야기된다는 것이다.*

빅셀은 자연이자율에서 화폐이자율이 괴리함으로써 야기하는 누적과정(cumulative)이 물가변동을 초래한다고 보았다. 이 같은 괴리는 다음과 같은 원인에 의해서 나타난다. 통화당국 곧 은행이 두 이자율이 불일치하도록 화폐자본의 공급을 조절하는 것이 원인이다. 그리고 화폐이

---

* K. Wicksell, *Interest and Prices*, Macmillan, 1936, pp.102~156.

자율은 은행의 자금공급과 기업가의 수요에 의하여 결정되며 자연이자율에서 더욱 괴리되게 된다. 이 과정에서 물가변동은 은행과 기업가의 합작에 의해서 나타나는 것이다.

빅셀의 물가이론은 화폐의 흐름과 실물의 흐름을 완벽하게 분리해서 보려했던 화폐수량설과는 달리 화폐의 흐름과 실물의 흐름을 연결시켜서 물가변동을 설명하려 시도했다는 점에서 이전의 물가이론과 구별된다. 그러나 빅셀은 소득수준 변화와 물가수준의 변화가 어떻게 연관되어 있는 지에 대한 완벽한 설명에 이르지는 못했다. 그러나 빅셀의 이런 시도는 후일 저축과 투자의 균형을 통해서 소득수준의 변화와 물가변동을 설명하려는 케인즈의 보다 진보된 물가이론으로 연결되는 초석을 제공했다고 평가되고 있다.

part 2

디플레이션

01 디플레이션의 정의

디플레이션(deflation)이란 물가수준이 지속적으로 하락하고, 그 결과 화폐의 구매력이 상승하는 과정을 의미한다. 즉 인플레이션의 반대현상인 셈이다. 또한 디플레이션은 물가상승률의 둔화를 의미하는 디스인플레이션(disinflation)과도 구별된다.

제2차 세계대전 이후 세계경제에서 인플레이션이 보편화되었으며, 그 결과 디플레이션을 단지 하나의 이론적 흥미의 대상으로만 간주하기도 하지만, 20세기 초까지만 하더라도 보편적이었던 이 현상이 이제는 중요한 의미를 상실하였다고 예단할 근거는 전혀 없다.

디플레이션은 대부분 경제가 순환적 수축국면에 있는 상황에서 단기적으로 발생하곤 하였지만, 때로는 정책당국의 계획적으로 의도된 결과로 발생하기도 하였다. 그 예가 1819~1821년 및 1825년 전시戰時 인플레이션 직후 발생한 디플레이션으로서, 영국은 디플레이션정책을 통해 파운드 스털링의 금태환 능력을 회복하였다. 더욱이 19세기 후반 금본위제도를 시행한 국가들은 장기에 걸쳐 물가의 디플레이션을 추세적으로 경험하였다. 이러한 디플레이션은 대부분 금화폐에 대한 수요의 증가에 대응하여 금이 공급되지 못한 것 때문에 발생하였다.

그 후 팽창기에는 물가수준이 상승하고 수축기에는 물가수준이 하락한다는 사실이 널리 인식되기 시작하면서 디플레이션은 순환적 경기변동의 한 정형화된 현상으로서 널리 통용되었다. 1929년에서 1933년 사이 4년 동안 물가수준이 약 30% 이상 하락했던 미국경제의 경험이 가장 대표적인 순환적 디플레이션으로 알려져 있다.

일반적으로 디플레이션이 발생하는 이유에 관해서는 일차적으로는 화폐공급량과 화폐수요량 간의 상호작용으로 설명된다. 가령 19세기 및 20세기 초의 경우를 보면, 순환적 경기침체가 시작됨에 따라 상업은행 신용 및 화폐창조와 같은 전반적인 금융활동이 위축되고, 이러한 금융부문의 대응이 순환적 디플레이션을 야기하고 증폭시키는 주요요인으로 지적될 수 있다.

인플레이션이 경제에 좋지 않은 영향을 미치는 것과 마찬가지로 전반적인 물가수준이 지속적으로 하락하는 디플레이션도 경제의 안정적 성장을 가로막는 요인으로 작용한다. 디플레이션은 인플레이션에 비해 그 발생 가능성이 높지 않더라도 1990년대 초 일본의 장기불황에서 볼 수 있듯이 인플레이션 못지않게 큰 경제적 비용을 초래할 수 있다는 점에서 경계의 대상이 되고 있다.

디플레이션의 경제적 폐해로는 대체로 다음과 같은 점들이 지적되고 있다. 먼저 인플레이션은 그것이 예상된 것일 경우 명목금리와 1:1의 대응관계가 있기 때문에 실질금리* 수준에는 영향을 미치지 않는다. 그러나 디플레이션이 장기간 지속되면 명목금리가 제로수준 가까이 떨어지

---

* 명목금리(i_n) = 실질금리(i_r) + 기대인플레이션(π^e)

게 되며 이 경우 명목금리가 더 이상 떨어질 수 없다는 사실 때문에 실질금리가 높아지고 자금조달비용이 상승함으로써 경제활동이 위축된다. 디플레이션으로 명목금리가 제로에 접근할 경우 사람들은 구태여 현금을 은행에 저축할 필요성을 못 느끼기 때문에 시중에는 자금이 잘 돌지 않게 된다. 또한 디플레이션이 지속되는 상태에서는 향후 물건값이 계속 떨어질 것으로 예상되어 가계는 소비지출을 뒤로 미루고 이로 인해 디플레이션이 더욱 심해지는 악순환에 빠지게 된다.

둘째, 디플레이션이 진행될 경우 고용주는 이에 상응하는 수준으로 명목임금을 삭감해야만 실질임금이 오르는 것을 막을 수 있다. 그러나 임금은 올리기는 쉬워도 내리는 것은 근로자의 반발 때문에 매우 어렵다.* 따라서 디플레이션은 실질임금의 상승을 초래하며 이는 고용 및 생산을 위축시키는 요인으로 작용한다.

셋째, 디플레이션은 명목금액으로 표시된 채무의 실질가치를 높인다. 이 경우 외부차입에 많이 의존하고 있는 기업의 재무상태가 악화되어 기업 활동이 위축될 뿐만 아니라 심각할 경우 채무불이행 위험의 증가로 신용경색을 야기하고 금융기관의 건전성을 악화시킨다. 또한 디플레이션으로 인한 채무의 실질 상환부담 증대는 채무자의 부를 채권자에게 이전시키는 부작용도 가져온다.

넷째, 디플레이션으로 명목금리가 제로수준으로 하락하게 되면 총수요를 진작하기 위한 중앙은행의 금리인하가 사실상 불가능해짐으로써 통화정책이 무력화될 수 있다.

---

* 이를 명목임금의 하방경직성(downward rigidity of nominal wage)이라 한다.

02 디플레이션의 공과

디플레이션(deflation)이란 모든 생산물의 가격이 지속적으로 하락하는 현상을 말하며 인플레이션과는 반대되는 개념이다. 디플레이션은 물가상승률의 하락을 의미하는 디스인플레이션(disinflation)과는 구분되어야 한다.

제2차 세계대전 이전까지만 해도 디플레이션은 드물지 않은 현상이었다. 경기호황국면에는 물가가 상승하고 경기불황국면에서는 물가가 하락하는 것이 일반적인 현상이었다. 디플레이션이 경기불황을 의미하는 용어로 사용되는 것도 이와 같은 이유에서 이다.

그런데 오늘날 디플레이션이 먼 과거의 골동품처럼 여겨지는 것은 제2차 세계대전 이후 1990년대 초반에 이르기까지 세계 경제가 지속적인 인플레이션을 경험하였기 때문이다. 사실 이 시기는 역사상 가장 인플레이션이 심했던 시기였다. 그런데 1990년대 후반에 들면서 세계적으로 디플레이션의 조짐이 나타나고 있다. 선진국 모임인 G7국가들의 생산자물가는 1990년대 후반부터 종종 마이너스의 상승률을 보이고 있으며 소비자물가의 상승률도 점차 하락하고 있다. 1998년에는 스위스, 중국, 홍콩, 싱가포르가 물가하락 현상을 경험하였다. 많은 국가들이 물가하락은 아니더라도 0%에 가까운 물가상승률을 경험하고 있다.

인플레이션이 가져오는 여러 가지 부작용을 감안한다면 디플레이션은 환영할 만한 현상이 아니냐는 주장이 나올지도 모른다. 이에 대한 답은 디플레이션의 원인이 어디에 있는지에 달려있다. 디플레이션은 인플레이션과 마찬가지로 총공급과 총수요의 두 부문에서 모두 발생할 수 있다.

첫째로, 물가 하락은 생산성의 비약적인 발전으로 인한 생산비용의 하락으로부터 발생할 수 있다. 생산비의 하락은 총공급 곡선을 우측으로 이동시키고 이에 따라 물가가 하락하게 된다. 인터넷과 전자상거래의 발달로 인한 구매비용의 하락이 그 예이다. 무역자유화나 유럽의 단일통화 출범도 국가간 가격경쟁을 증가시킴으로써 생산비를 하락시킬 것이다. 이처럼 생산비의 하락으로 인한 디플레이션은 실질소득을 증가시키고 생활수준을 향상시키므로 환영할 만하다.

둘째로, 가격하락은 투자위축이나 통화공급 감소와 같은 총수요의 감소에 의해 발생할 수 있는데, 이와 같은 수요위축에 따른 디플레이션은 경제에 매우 부정적인 영향을 미친다. 특히 디플레이션에 대한 기대가 발생할 경우 소비자들은 물품의 구매를 가격이 하락할 미래로 미룰 것이고 이는 총수요를 더욱 위축시킬 것이다. 뿐만 아니라 총수요의 위축에 따라 기업이 실제로 가격을 인하하고 이에 따라 다시 디플레이션에 대한 기대가 높아지는 악순환이 계속될 우려도 있다. 1930년부터 1933년까지 미국의 소비자물가가 25% 하락하면서 실질GDP가 30% 감소한 것이 이와 같은 디플레이션의 위험을 잘 대변해 준다.

1990년대 후반부터 나타나고 있는 디플레이션의 조짐은 위의 두 가지 요인을 모두 반영하고 있다고 할 수 있다. 문제는 총수요의 위축에 의한 요인이 무시하지 못할 정도라는 점이다. 일부학자들은 총수요의 위축이 각국이 중앙은행의 역할을 지나치게 물가안정에 치중시킨 것에 원인이 있다고 주장한다. 각국의 중앙은행이 물가안정을 위해 통화긴축을 한 결과 물가는 안정되었으나 총수요의 위축으로 디플레이션의 우려가 나타나고 있다는 것이다.

그러나 가장 치명적인 디플레이션은 자산가치의 하락과 함께 나타나는 경우이다. 2000년대 후반부에 나타난 이 같은 디플레이션은 부동산 가격과 주식가격의 하락으로 대형 금융기관들이 연쇄적으로 파산하면서 시작되었다. 이런 금융충격은 곧 이어 부실한 실물기업들의 연쇄파산으로 이어지면서 경제 전체를 심각한 경기침체로 몰아넣었다. 이는 대량의 실업자들을 양산하기 시작했고, 그 결과 이들의 소비지출 감소로 인한 총수요 감소로 인해 전반적인 물가하락을 초래하였다. 이는 경기침체, 물가하락, 대량실업 그리고 또 다시 경기침체, 물가하락, 대량실업 등이 연속적으로 악순환의 형태를 띠며 대공황을 불러들이는 가장 무서운 형태의 디플레이션이라고 볼 수 있다.

03 디플레이션의 해악

디플레이션(deflation)은 인플레이션(inflation)의 반대개념으로 재화나 서비스 가격 즉, 물가수준이 광범위하고 지속적으로 하락하는 현상을 말한다. 세계적으로 가장 대표적인 디플레이션은 1930년대 미국의 대공황기에 찾아왔다. 1930~1933년 사이에 물가는 연평균 10%씩 급락했다. 일본은 1990년대 초 이후 10년 이상의 긴 디플레이션을 경험했다. 홍콩도 1997년 아시아 금융위기 후유증으로 2004년까지 긴 디플레이션을 겪었다.

보통 물가의 하락은 소비 증가를 가져와 경제에 득이 된다. 하지만 디플레이션처럼 광범위하고 지속적인 물가 하락일 경우엔 이야기가 전혀 달라진다. 디플레이션이 경제에 치명적인 이유는 크게 네 가지로 요약할 수 있다.

첫째, 물가가 계속 떨어질 것으로 전망될 경우 사람들은 소비를 미루게 된다. "내가 왜 지금 물건을 사야 하지? 좀 더 기다리면 더 싸게 살 수 있을 텐데"라고 생각하기 때문이다. 이 같은 '지출의 연기'는 경기 하강과 물가 하락을 더욱 가속화시킨다. 또한 상품 가격 하락으로 수익성이 악화될 것으로 예상하는 기업들은 투자를 줄이게 된다.

둘째, 경기가 부진하고 물가가 계속 떨어질 경우 기업은 생산을 감축하고 감원減員을 하게 된다. 이로 인해 가계 소득은 더욱 줄어들고 이는 다시 소비를 위축시켜 경기와 물가 하락은 가속화된다.

셋째, 디플레이션에 접어들면 명목 이자율이 아무리 낮더라도 물가를 감안한 실질 이자율은 높아진다. 실질 이자율은 명목 이자율에서 인플레이션율을 뺀 것인데, 디플레이션 시기에는 인플레이션율이 오히려 마이너스가 되기 때문이다. 설령 제로수준의 금리에서도 마이너스의 인플레이션을 의미하는 디플레이션 하에서는 실질금리수준이 플러스의 수준을 유지하게 된다. 디플레이션이 심각해질수록 실질이자율 수준은 그만큼 더 높아지게 되는 것이다. 따라서 사람들은 그만큼 은행에서 대출받기를 꺼리게 되고, 돈도 덜 쓰게 된다.

넷째, 보통 부채負債는 물가와 무관하게 일정한 액수로 정해진다. 따라서 디플레이션이 되면 물가를 감안한 실질적인 부채 부담이 늘어나게 된다. 물가가 하락하면서 돈의 가치는 높아지지만 부채의 원리금 상환은 물가의 하락과는 무관하게 일정한 액수로 정해져 있기 때문이다. 디플레이션 기에 실질 이자율이 높아지는 이유와 마찬가지이다. 따라서 채무자들이 빚을 못 갚고 부도를 낼 가능성이 높아진다. 미국의 저명 경제학자인 어빙 피셔(Fisher)가 1930년대 대공황기에 관찰한 이른바 '부채-디플레이션(debt-deflation)'이 그것이다. 모기지 대출을 받아 집을 장만했다가 2008년 발생된 전세계적인 금융위기와 함께 집값 폭락을 맞고 집을 차압당한 사람들이 이 같은 상황의 극단적인 경우에 해당한다.

이처럼 경제가 한번 디플레이션에 전염되면 좀처럼 하락의 악순환에서 빠져나오기 힘들다. 이런 이유로 물가의 파수꾼인 중앙은행들은 물가의 하락보다는 2~3% 정도의 인플레이션을 바람직한 수준으로 잡는다. 그래서 중앙은행들은 디플레이션을 막기 위해서는 금리를 계속 내려서 제로금리까지라도 가려는 성향을 보인다. 그래도 안 되면 돈을 찍어서 은행에 출자해서 디플레이션의 부담으로 은행들이 파산에 직면하는 위험을 막으려 하는 경우가 많다. 돈이 너무 많이 풀려서 인플레이션이 나타나는 것이 디플레이션보다는 낫다는 생각을 갖고 있기 때문이다.

21세기 초에도 글로벌 디플레이션 우려가 크게 높아진 적이 있다. 2000년까지만 해도 미 연준은 경기과열과 인플레이션을 걱정했다. 그러나 2001년 IT 버블이 꺼지고 경기가 불황으로 진입하면서 인플레이션 압력은 사라지고 2002~2003년에는 디플레이션이 세계 경제의 가장 큰 골칫거리로 부상했다. 이를 막기 위해 그린스펀(A. Greenspan)의 연준은 정책금리를 1%까지 낮추는 공격적인 저금리정책을 폈고, 디플레이션 우려는 해소됐다. 그러나 이로 인해 글로벌 자산 버블을 더욱 키워 2008년 전 세계적인 금융위기를 초래했다는 비판을 받고 있다. 이 금융위기로 인해서 결국 미국 연준은 은행의 파산을 막기 위해서 수 조 달러에 이르는 막대한 자금을 파산위기에 직면한 은행들에 지원해야 했다.

04 부채-디플레이션

사전적 의미로 디플레이션은 인플레이션의 반대말로 물가가 지속적으로 하락하는 현상을 말한다. 물가하락은 좋은 일이 아닌가? 물가가 하락하면 화폐의 가치가 늘어나는 셈이 되고 이것은 소비자의 구매력 증가로 연결될 수 있으니 좋은 것이라 생각할 수 있다. 케인즈 이전의 고전파 경제학자들도 이런 디플레이션을 통해서 경제가 침체로부터 회복될 수 있다고 보았다. 즉 디플레이션은 경기침체와 함께 나타나는 아주 자연스런 경제현상이라는 것이다.

하지만 1930년대 대공황기를 경험하면서 디플레이션은 단순한 가격 하락 이상의 의미를 갖기 시작한다. 디플레이션은 단순히 가격 하락 현상 자체를 의미하는 것에서 한 걸음 더 나아가 경기 침체가 심화되면서 자산이나 상품 가격이 지속적으로 하락하는 상황을 가리키게 됐다.

하지만 디플레이션의 공포는 여기서 멈추지 않는다. 미국의 경제학자 피셔는 1933년 '부채-디플레이션(debt-deflation)'이라는 개념을 통해 장기 경기 사이클에서 가장 경계해야 할 변수로 부채와 물가를 꼽았다. 그의 설명은 다음과 같다. 호황 국면 막바지에 이르러 부채를 상환하기 위해서 그 동안 가격이 충분히 오른 자산의 매각이 필요해진다. 오랜 자산가격의 상승기간 이후에 나타나는 갑작스런 자산 가격의 하락이 동일한 자산을 보유한 다른 사람들을 놀라게 한다. 그래서 이들도 가격이 더 떨어지기 전에 급히 보유자산을 매각하려 나선다. 사려는 사람은 없고 갑자기 팔려는 사람만 많아진다. 투매가 나타나는 것이다. 투매는 자산가격 폭락으로 이어지고 자산보유자들은 공포심에 휩싸인다. 자산가격 폭락으로 보유자산을 모두 매각해도 부채를 갚을 수 없는 경우가 여기저기서 속출한다. 누가 파산할지 모르는 상황에서 자금을 빌려주지도 빌려줄 사람도 없다. 금융시장이 마비상태에 빠져들면서, 일부 금융기관들도 지급불능상태에 빠지게 된다.

자금구하기가 하늘에서 별따기만큼 어려워지면서 자금시장의 유동성은 급속히 위축된다. 호황기 시중에서 유통되던 그 많던 자금이 갑자기 자취를 감춘다. 이것이 실물경제 침체와 물가 하락의 확산으로 이어진다. 이런 디플레이션 상황 때문에 실질부채 부담이 더욱 커지면서 채무자는 소비를 줄이고 저축을 늘이는 등 부채 상환을 위해 더욱 노력하게 된다. 이로 인해서 다시 실물경제 침체와 물가 하락이 더욱 확대되는 악순환에 빠져들게 된다. 이 과정에서 극심한 경기침체와 물가하락으로 부채의 실질가치는 시간이 지나면서 급격히 높아져 간다. 호황기에 자금을 차입해 투자를 확대했던 기업들과 투자자들의 실질적 부채상환 부담은 점점 커져간다. 이 과정이 피셔가 지적한 부채-디플레이션의 개념이다.

2008년과 2009년에 걸쳐 미국 경제가 처한 모습도 이와 크게 달라 보이지 않는다. 지난 2003년 이후 세계 경제의 호황 지속과 저금리를 통해 창출된 풍부한 유동성 덕분에 부동산을 비롯한 자산 가격은 가파르게 상승했다. 그 과정에서 차입(leverage)에 대한 의존도 또한 과도한 수준으로까지 높아졌다. 여기에 세계 경제 침체가 더욱 깊어질 것으로 예상됨에 따라 본격적인 부채-디플레이션의 악순환에 빠져들 가능성도 배제할 수 없는 상황이 된 것이다. 2008년 상반기 진행됐던 고유가 영향으로 가중된 인플레이션 압력이 최근 들어 물가 하락 쪽으로 극적 반전을 이룬 점이나, 미국 국채 가격이 사상 최고 수준으로 상승한 점 또한 이런 가능성을 부채질하고 있다.

더군다나 미국 소비자들은 국내 신용뿐 아니라 국제 교역과 자본 이동을 이용해서 막대한 경상수지 적자를 발생시키고 있지만, 개도국으로부터의 자본 유입을 통해 이 적자분을 충당하는 구조에서 적정 수준 이상의 많은 소비를 해왔다. 따라서 현재 진행되고 있는 자산 가격 하락 및 부채 조정과 소비 위축이 악순환의 연결고리를 만들어낼 개연성은 상당히 크다. 또한 디플레이션이 현실화할 경우 그 파급효과가 미국 국내 경제에 국한되는 것이 아니라 우리나라를 비롯한 주요 대미 수출국 전반으로 크게 확산될 것이다.

한편 실물자산 가치가 하락하고 화폐자산 가치가 상승하는 디플레이션 상황에선 자산이나 상품을 갖고 있는 사람은 불리한 반면 현금을 보유한 사람에게는 유리하다. 또 채권자는 유리해지고 채무자는 불리해진다. 즉 인플레이션과는 반대의 방향으로 소득재분배 효과가 발생한다.

문제는 이런 과정이 경기 침체를 동반한다는 점이다. 따라서 국민 경제에서 대표적인 자금의 수요자라고 할 수 있는 기업의 경우 매출이나 수익성이 악화되는 상황에서 부채를 줄여 나가야 하는 어려움에 처하게 된다. 기업뿐 아니라 가계의 경우도 빚을 내서 주식이나 부동산을 구입한 사람들은 어려움에 처할 수밖에 없다. 자산 가격이 하락하는 상황에서 소득마저 감소할 가능성이 크기 때문에 원리금 상환이 쉽지 않아 소비를 더욱 줄이게 되고, 이것은 다시 경제 전반의 소비 침체를 다시 한번 확대시키는 요인으로 작용한다.

디플레이션이 두려운 이유는 일단 그 상황이 도래하면 경제 주체들이 자신의 경제활동을 축소하려 하는데, 이를 극복할 수 있는 마땅한 정책수단을 찾기 어렵다는 데 있다. 부동산 거품이 꺼지면서 시작된 일본 경제 침체가 10년 동안의 장기 불황으로 이어진 것도 이 때문이다. 현재로서는 디플레이션이 현실화할 가능성이 높지 않아 보이지만, 선제적·적극적인 대응을 통해 실물경제가 보다 깊은 침체의 늪으로 빠져들지 않도록 하는 일은 절대적으로 필요하다.

05 디플레이션의 파괴적 영향

일본의 디플레이션으로 일본경제가 겪은 경험을 통해서 우리는 디플레이션이 경제에 미치는 파괴적 영향력을 상당부분 유추해 볼 수 있다. 디플레이션이 일본경제에 미치고 있는 영향을 보면 현재까지는 부정적인 측면이 큰 것으로 보인다. 도쿄 도심지역의 부동산 가격이 폭락해 재개발 사업이 활기를 띠거나 생활비용이 국제적 수준으로 하락하는 등 부분적으로는 긍정적인 효과도 있으나 일본경제를 장기간 침체시키는 요인으로 작용하고 있는 것은 분명하다. 디플레이션 스파이럴이 나타날 경우 가격이 하락해도 수요가 늘어나지 않는 등 시장 메커니즘이 약화되는 데다 정책효과도 없어지기 때문이다.

디플레이션에 빠져들면서 일본의 정책금리는 0% 수준으로 떨어짐으로써, 더 이상 금리정책을 통해 총수요를 부양시키기도 어려운 상황이다. 이같이 금리가 더 이상 하락하기 어려운 상황에서는 유동성함정이 나타나면서 금융정책의 효과를 더 이상 기대하기 어려운 상태가 나타난다. 그리고 떨어지는 물가수준에 맞게 가격경쟁력을 유지하기 위해서는 해외 저가 제품의 수입을 늘려야 하기 때문에 일본의 제조업 기반도 서

---

* 이 글은, 이 지평, "일본경제 디플레이션의 교훈", Economic Analysis, LG경제연구원, 2003년 1월.을 참조함.

서히 약해지면서 제조업의 공동화 현상이 우려되고 있는 것이다.

자산가격의 하락이 장기화되면서 금융시장의 구조에도 변화가 발생하고 있다. 안전 자산으로서 국채에 대한 지나친 선호경향과 함께 주식을 기피하는 행태가 강해지고 있다. 주식의 경우에도 배당 등 현금 수입에 대한 요구가 강화되고 있다. 사실 작년의 경우 주가가 크게 하락했기 때문에 일본 도쿄증시 1부 상장사의 시가배당률은 1%를 초과해 채권수익률을 상회했다. 리스크가 상대적으로 큰 주식의 배당률이 안전자산인 채권 금리보다 높아야 한다는 것은 19세기형 자본주의 시대의 투자법칙이었다. 일본에서는 인플레이션을 전제로 자산가격이 장기적으로 상승할 것이라는 현대경제 시스템의 근간에 대한 믿음이 붕괴된 셈이다.

이와 같은 시스템의 붕괴 효과는 재정, 연금, 보험 시장 등에서도 나타나고 있다. 물가하락으로 인해 명목 GDP가 실질 GDP 이상으로 하락했기 때문에 명목 GDP에 의존하는 기업 매출이나 근로소득이 감소해 세수가 급격히 위축된 것이다. 실제로 일본의 재정적자 누적 금액은 명목 GDP의 130%인 650조 엔을 초과하고 있다.

그리고 명목금리와 자산가격의 하락으로 자산운영 수익을 기반으로 한 연금이나 보험 산업의 존립 기반도 약화되고 있다. 보험회사들의 경영위기가 만성화되면서 1990년대 이후 일본에서는 대형 보험회사들이 잇따라 부도를 내기도 했다.

이와 같이 현대경제 시스템에서 보장받았던 각종 규칙이 무너진 것은 일본 소비자나 기업의 심리를 불안하게 하는 효과도 있다. 예를 들어 노후를 걱정한 소비자들이 소비를 더욱 줄이고 기업도 함께 투자를 줄이기 때문에 총수요가 과도하게 위축되는 부작용이 발생하고 있는 것이다.

이런 일본경제의 디플레이션은 세계경제의 장래 모습을 예시하는 선행적인 사례일 수도 있고 특수한 사례일 수도 있다. 우선, 디플레이션의 원인에서 살펴 본 바와 같이 글로벌 경쟁에 의한 물가하락 압력은 세계 각국에서 보편적으로 작용하는 측면이 강하다. 따라서 국제시장에서 제조업을 중심으로 한 가격하락세는 상당기간 지속될 가능성이 높다.

그러나 현대경제 시스템에서는 총수요 관리를 통해 디플레이션을 억제하는 메커니즘이 작용하고 있기 때문에 이와 같은 글로벌 경쟁의 효과만으로 디플레이션에 빠지기는 어려울 것으로 보인다. 일본과 같은 자산 버블의 형성과 붕괴, 그리고 이에 따른 금융경색의 심화라는 부채-디플레이션의 발생이 필수조건이라고 할 수 있다.

그런데, 1990년대 이후 국제금융시장이 글로벌하게 통합되면서 국제자본에 의해 주도된 자산 가격 형성과 국가의 금융시장 개입의 한계로 시장 변동 리스크가 확대된 측면도 있다. 이와 함께 각국 시장의 연계성도 강화되었다.

예를 들어 지난 IT버블은 미국에서 전 세계로 쉽게 파급되었다. 이와 같은 변동 리스크의 심화와 국제적 파급효과의 확대는 자산가격의 급등락에 따른 금융경색의 발생 가능성을 높이고 있는 것으로 보인다. 따라서 디플레이션을 억제하기 위해 정부는 글로벌 경쟁에 따른 가격하락 압력이 기본적으로 작용하고 있다는 것을 명심하고 자산시장의 불안정성 제거에 주력할 필요가 있다.

또한 일본의 경우 구조불황이나 경기변동 과정에서 한계기업의 퇴출과 신규기업의 창업이 부진해 디플레이션의 원인으로 작용했다. 대기업이라도 효율적으로 퇴출시킬 수 있는 시장메커니즘의 정화淨化 기능을 지속적으로 높이는 노력도 필요하다. 이를 위해서는 각종 요소 가격의 경직성을 완화하는 것이 도움이 될 것이다.

06 'D'의 공포

경기후퇴 앞에는 또 다른 위기의 형태가 잠복해 있을 수 있다. 이 중 하나가 바로 자산가격이 급락하면서 더 큰 침체를 부르는 디플레이션(Deflation)이다. 소위 'D'의 공포가 그것이다. 오늘날에는 현실화될 확률이 높지 않은 것으로 평가되고 있지만 디플레이션을 경계하는 목소리는 여전히 남아서 전 세계를 떠돌며 유령처럼 배회하고 있다.

아직은 여전히 인플레이션의 잔재가 남아있는 상태지만 2008년 여름 석유와 원자재 등 상품가격이 무섭게 붕괴되면서 디플레이션의 전주곡이 울려 퍼지고 있는 것이 아닌가하는 우려를 자아내고 있다.

우려하고 있는 것은 디플레이션이 오랜 기간 동안 급격한 속도로 자산가격을 하락시킬 지 여부다. 자산가격 하락은 부채의 실질비용을 증가시킨다. 따라서 2008년 금융위기의 근원인 모기지 문제가 여전히 미결상태인 상황에서 디플레이션이 심화하면 부채 문제는 물론 소비를 한없이 위축시킬 수 있는 매머드급 악재가 될 수 있다. 디플레이션이 지속된다면 급격히 늘어나는 채무자들의 부채상환 부담증가로 인해 소비자들의 구매능력은 급격히 약화될 것이다.

미국의 경제학자 어빙 피셔(Irving Fisher, 1933)는 이 같은 자산가격 하락과 높은 부채가 결합되어 생기는 조합의 결과물을 '부채-디플레이션(debt-deflation)'으로 정의했다. 신용이 말라가면서 부채를 진 기업과 소비자들이 부채를 빠르게 상환하려 하면서 경제 전체의 총수요를 해치고, 이로 인해 나타나는 깊은 경기침체가 다시 물가 하락을 더욱 부추기는 구조다. 부채와 디플레이션이 결합해서 경제 내에 끝없는 악순환을 만들어 낸다.

이 같은 디플레이션은 부채의 실질비용을 더욱 증가시키고, 실질 금리는 마이너스의 물가상승으로 인해 전혀 바람직하지 못한 수준까지 올라간다. 피셔는 이를 "부채청산이 스스로를 망치는 상황(liquidation defeat itself)"이라 설명했다.

금융부문에서 시작된 위기가 실물경제로 깊숙이 전이되면서 위기의 형태가 피셔가 말한 '부채-디플레' 전개상황을 상당히 닮아가고 있다는 점에 모두 두려움을 떨치지 못하는 상황이 전개되고 있다. 장기간 지속된 디플레이션 상황은 1930년대 대공황의 고통을 더욱 악화시켰고, 1990년대 일본 경제를 장기침체로 이끈 주범이었다.

대공황을 겪은 경제학자들 중 일부는 이후 경제후퇴를 묘사할 때 결코 '대공황'이라는 표현을 의도적으로 쓰지 않았다고 한다. 경제적 충격만큼이나 심리적 상흔이 컸고 단어 'D'가 불러올 공포의 정도를 기억하기 싫었기 때문이다.

대공황과 2008년 금융위기의 유사점은 많다. 서브프라임과 증시 급락이라는 촉매는 다르지만 미국에서 위기가 시작됐고, 국경을 넘어 전 세계로 확산됐다. 대공황 때는 자유무역이, 2008년에는 정보기술(IT) 등 기술발전이 '위기의 세계화'를 야기해 선진국이든 개도국이든 성역은 없다. 주식과 부동산 등 자산가치 급락에 따른 소비 위축으로 기업들이 어려움을 겪고 그에 따른 정리해고가 다시 소비 위축을 불러오는 악순환도 동일하게 발생하고 있다.

투자자와 소비자들의 '패닉'이 위기를 재앙의 국면으로 끌어올리고 있다는 점도 같다. 철옹성으로 여겨졌던 은행들의 파산이 금융시스템 전반의 붕괴와 이에 대한 불신을 야기한 점도 그렇다. 결국 위기의 진행 상황이나 양상, 충격의 규모 등을 고려할 때 대공황이 언급될 만한 분명한 이유가 있어 보인다.

게다가 1930년대 경제가 제조업과 농업을 기반으로 했던 반면, 2008년 경제는 소비와 서비스의 경제다. 소비 위축에 따른 충격의 범주와 강도가 대공황 당시보다 더 클 것이라는 분석도 가능한 대목이다.

그러나 유사한 수많은 경제위기 중에도 하필 '대공황'이 다시 언급되는 것은 '부채-디플레이션'에 대한 우려 탓이 크다. 미 경제학자 어빙 피셔가 '최악의 조합'으로 지목했던 '자산가격 하락과 높은 레버리지'가 현실화되고 있기 때문이다.

07 글로벌 디플레이션

1999년 2월 15일. 시사주간지 타임지는 커버스토리로 '세계를 구하기 위한 위원회'라는 내용을 다뤘다. 표지에는 당시 연방준비제도(FRB) 이사회 의장이었던 앨런 그린스펀과 로버트 루빈 재무장관, 로렌스 서머스 재무차관이 등장했다. 잡지의 내용은 이들 '삼총사'가 주말 회의를 통해 국제통화기금(IMF)의 아시아 국가들의 구제를 이끌어 내 글로벌 경제 붕괴를 막았다는 칭찬으로 가득 차 있었다.

그러나 10년이 지난 2009년의 상황은 당시와는 전혀 달랐다. 위기는 미국에서 시작돼 유럽과 아시아로 번졌고, 이를 해소하는 것은 미국이나 IMF의 노력만으로는 불가능해졌다.

2008년 금융위기 발발 직후 모인 주요 20개국(G20) 정상회의는 이러한 배경에서 기획됐다. 선진 7개국(G7) 정상들 외에 한국, 중국, 인도, 브라질 등 주요 신흥국가들이 참여했다는 점은 미국과 선진국만으로는 위기를 극복할 수 없다는 절박한 인식을 드러낸 것으로 풀이된다.

이 회의에서 G20 정상들이 적극적인 경기부양에 합의함에 따라 각국이 추진 중인 재정지출 확대를 통한 경기부양은 탄력을 받았다. 이 회의 개최 직후 뱅크오브아메리카(BOA)는 미국의 2차 경기부양책 규모가 국내총생산(GDP)의 2.2%에 해당하는 3,000억 달러에 이른다고 전망했다. 독일은 500억 유로 규모의 경기부양책을 내놨고, 영국도 추가 감세안 등을 발표했다. 이탈리아는 800억 유로 규모의 경기부양책을 준비 중이라고 발표했다.

아시아에서는 중국이 4조 위안을 풀어 기업들을 지원하기로 했고, 감세안도 잇따라 발표했다. 일본 정부는 이미 발표한 5조 엔 규모의 제2차 경기부양책 실행을 준비하고 있다고 발표했다. 이 밖에도 전 세계 각국 중앙은행들도 통화 완화 공조에 나서고 경쟁이라도 하듯이 금리를 인하하며 경기 부양에 힘을 쏟았다.

각국 정부의 협력에 의한 동시다발적 경기부양책은 글로벌 위기 극복을 위해 필수적인 조치다. 그러나 이는 전 세계적인 만성적 재정적자 확대를 불러 올 수 있다는 점에서 우려도 제기되었다. 장기적으로 글로벌 경제의 펀더멘탈을 더욱 악화시킬 수 있다는 점에서 그랬다.

미국의 경우 새 회계연도를 막 시작한 2008년 10월 한 달 동안의 재정적자가 2,320억 달러에 달했다. 미 의회예산국(CBO)에 따르면 구제금융 비용과 경기부양책 규모 등을 고려할 때 2009 회계연도 재정적자 규모는 2008 회계연도에 기록한 사상최고치 4,550억 달러의 2배까지 확대될 것으로 전망했다. 다른 나라도 사정은 마찬가지였다. 유럽위원회(EC)는 유로존(유로화를 사용하는 유럽 15개국)의 2009년 재정적자율을 1.1%에서 1.3%로, 2009년 증가율을 1.1%에서 1.8%로 각각 상향조정했다.

이처럼 경기부양의 결과로 재정적자가 확대됨에 따라 정부의 적극적인 개입과 재정 지출로는 경기를 살리는 데 한계가 있다는 지적도 나왔다.

일본의 '잃어버린 10년'은 정부 개입의 대표적인 부작용 사례로 꼽힌다. 1990년대 초 일본은 디플레이션을 막고 경기를 부양하기 위해 세금 환급으로 소비 진작을 노렸으나 소비자들은 오히려 지출을 줄였다. 이에 맞서서 일본은행은 통화량을 늘리며 금리를 계속 낮추었지만, 결과적으로 유동성 함정에 빠져들었고 결국 장기불황을 벗어나지 못했다.

물론 대공황 이후 최악의 위기를 해소하기 위해서는 정부 주도 하의 공격적인 경기부양이 필요하다는 의견이 여전히 대세를 이루고 있다. 그럼에도 불구하고 "모두를 구하는 것은 아무도 구하지 못하는 것과 같다"는 대공황 연구로 저명한 경제학자 찰스 킨들버거의 말이 다시 회자되고 있는 이유는 생각해 볼 문제다.

08 디플레이션 대책

2008년 초만 해도 '물가 잡기'에 혈안이 됐던 각국 정부들이 2008년 후반기부터는 추락하는 경제를 붙잡기 위해 역사적인 금리인하 공조를 단행했다. 일본에 이어 미국이 사실상 제로 금리 시대를 열었으며, 유럽연합을 비롯한 주요국들이 추가로 금리를 낮추었다.

그러나 물가가 전년 대비 마이너스로 돌아서는 디플레이션이 발생하면, 금리인하 노력도 허사가 된다. 명목금리에서 인플레를 차감한 것이 실질금리이기 때문에(실질금리=명목금리−물가), 디플레이션으로 물가가 마이너스가 되면 명목금리가 제로일지라도 실질금리는 물가하락만큼 상승한다.

호황을 틈타 대출을 받아 투자하고 소비했던 개인과 기업들은 '제로금리'에도 불구하고 채무에 따른 실질부담이 더 커지게 된다. 결국 채무상환을 서두를 수밖에 없고 이로 인해 소비와 투자는 더 줄고 경제는 위축된다. 아무리 금융권에 대출을 독려해도 빌리고자 하는 사람이 없어진다. 시중에 돈이 돌지 않는 것이다. 각국 정부가 공조해 경제 살리기에 나서도 부채 디플레이션이 발생할 경우 상황은 더 악화될 것이라는 계산이 '대공황'이 주는 공포의 뿌리다.

1930년의 미국은 '뉴딜정책'*을 통해 회복의 기틀을 마련했다. 농업을 지원하고 구제사업 등 공공사업을 확대하는 등 과감한 개혁을 단행했다. 중앙은행으로서의 FRB**의 위상이 정립되고 증권업계를 감독할 증권거래위원회(SEC)가 설립됐으며, 예금자 보호를 위한 예금보험공사(FDIC)가 생기는 등 금융시스템이 재건되고 개혁됐다.

그러나 미국 경제가 '대공황'의 그늘에서 완전히 벗어난 것은 세계 2차 대전 발발에 따른 '전쟁 특수' 덕이라는 분석이 대세다. 이례적인 '충격요법'이 필요했을 만큼 대공황의 영향력은 컸다.

1929년 대공황이 닥치자 당시 허버트 후버 대통령은 5억 달러 규모의 재건금융공사(RFC)를 설립해 은행 지분을 매입했다. 그러나 금융 시스템 방어만으로는 실물경제 붕괴를 막을 수 없었기에 면화농장과 철도회사에도 자금을 투입했다. 이 과정에서 RFC의 구제금융 규모는 40억 달러로 늘어났다. 그럼에도 불구하고 위기를 잠재우지 못했고, 결국 대선에서 프랭클린 루즈벨트 대통령이 당선되며 정권 교체가 이뤄졌다.

---

*   1933년 프랭클린 루즈벨트가 대통령에 취임하여, 뉴딜정책을 시행하였다. 뉴딜은 1단계로 대공황에 대한 대응책이었으나 더 나아가서는 재차 이러한 대공황이 일어나지 않도록 하기 위한 개혁을 단행하여 자본주의를 수정하려는 것이었다. 독점기업은 정부 권력이 개입, 동종 산업 간에 규약을 만들게 함으로써 어느 정도 통제되었고 농산물 과잉상태는 정부의 통제에 의한 경작 면적의 삭감으로 개선되었다. 전력과 같은 공공사업에 대하여는 TVA(테네시계곡 개발공사) 같은 공공 법인체를 만들어 민간기업과 경쟁하는 일도 인정하였다.
** Federal Reserve Banks, 연방준비은행. 1913년 발효된 연방준비은행법에 의해 창설된 이 은행은 이사회, 12개 산하 연방준비은행, 연방공개시장위원회, 연방자문회의 등으로 구성되며 1976년에는 소비자자문회의가 추가되었다. 그리고 수천 개의 은행이 회원 은행으로 되어 있다. 미국 정부의 재무 대리기관이며 미국 내 상업은행의 준비금을 관리하고 상업은행들에 대부를 공여하며 미국 내에 통용되는 지폐 발권은행이다.

2008년 금융위기가 확산되자 이에 대한 대응책으로 조지 W. 부시 행정부는 7,000억 달러 규모의 부실자산구제계획(TARP)을 도입해 은행 지분을 매입했다. 그러나 위기가 실물경제로 확산되면서 자동차 업계와 유통 업계도 지원을 요구하고 나섰고, 이를 위해서는 추가 자금이 필요한 상황이 전개됐다. 위기가 지속되는 가운데 치러진 2008년 대선에서는 민주당의 버락 오바마가 당선되며 정권이 교체됐다.

1930년대에는 루즈벨트 대통령이 뉴딜 정책을 통해 위기를 극복했다면, 2009년 오바마 대통령 당선자에게 그 역할이 주어진 것이다.

많은 경제학자들은 지금의 디플레이션 위기를 극복하기 위해서는 루즈벨트 대통령 시절 뉴딜정책 수준의 부양책으로는 어림없다고 입을 모은다. 미국 경제의 규모가 당시와는 비교할 수 없을 정도로 커졌고, 내용 또한 복잡해졌다는 점에서다. 더욱이 글로벌화로 인해 경제 위기가 미국만이 아닌 전 세계의 문제가 됐다는 점도 다르다.

1930년대 루즈벨트 대통령은 뉴딜정책을 통해 대공황을 극복했다는 게 일반적인 평가다. 그러나 1937~1938년의 경기후퇴(recession)는 이 같은 평가를 무색하게 만든다. 대공황을 끝낸 것은 뉴딜정책이 아니라 제2차 세계대전이란 분석은 그래서 나온다. 오바마 대통령 당선자의 정책은 뉴딜보다 강력해야 한다는 주장이 제기되는 이유다.

09 디플레이션과 통화재팽창

글로벌 디플레이션에 대한 처방으로 통화재팽창(reflation)이 필요하다는 주장이 제기되고 있다. 노벨경제학 수상자인 폴 크루그만은 일본경제의 회생책으로써 통화재팽창이 필요하다는 견해를 줄곧 제시해 왔다. 일본 중앙은행인 일본은행이 엔화를 추가발행해서, 시중에 유통시키고 이를 통해 금융경색을 완화해야 한다는 것이다. 이런 과정에서 늘어난 통화량이 자연스럽게 디플레이션으로 인한 물가하락을 막을 수 있다는 수장이다.

이런 주장에 대해서 일본 중앙은행은 이미 충분히 통화팽창이 이루어졌다고 반박한다. 사실 일본의 명목금리가 제로수준까지 근접한 상황에서 일본은행은 더 이상의 대책을 내놓기도 난감한 상태이다. 일본은행이 아무리 통화량을 늘려서 상업은행들에 제공하여도 일본의 상업은행들은 이 자금을 쉽게 대출해주려 하지 않는다. 오히려 정부가 발행한 안전한 국채에 투자함으로써 자금을 안전하게 묶어 두려할 뿐이다. 일본의 소비자들 역시 미래에 닥칠지 모를 고용불안과 은퇴 이후를 걱정해서 소비보다는 저축에 더 많은 노력을 기울이고 있다. 일본은 이같이 상업은행들의 신용창조를 통한 예금통화가 활발히 이루어지지 못하는 구조를 갖고 있다. 즉, 일본은행이 발행한 본원통화는 대출과 예금이 반복되는 과정에서 만들어지는 파생통화를 충분히 만들어내지 못하는 구조이다.

　이런 구조적 문제점이 먼저 해결되지 않고서는 디플레이션을 치유하기 위한 통화재팽창은 정책효과를 기대하기 어렵다. 일본과 비교해서 미국과 유럽의 중앙은행들은 통화재팽창에 대해서 그리 달갑지 않은 반응을 나타내고 있다. 그 동안 미국과 유럽은 인플레이션에 대처하는데 노력을 집중한 결과 막상 디플레이션에 대한 대응수단이 부족한 것도 사실이다.

　2차대전 이후 미국과 유럽에게 가장 고질적인 경제문제는 인플레이션이었다. 따라서 대부분의 선진국들이 실행한 거시경제정책의 초점은 물가상승을 억제하는 것에 두어지는 경우가 대부분이었다. 이는 대부분의 국가들이 불환지폐제도를 도입하면서 화폐공급의 부족으로 인한 디플레이션과 경기침체보다는 화폐공급의 과다로 인한 인플레이션의 발생이 더 현실적인 걱정거리가 되었기 때문이기도 하다. 또 정치적 인기를 얻기 위한 화폐공급의 지나친 남발을 막기 위해서는 중앙은행이 정치권력으로부터 어느 정도의 독립성을 유지할 수 있어야 한다는 주장이 설득력을 가질 수 있었다. 어찌했던 미국과 유럽의 국가들에게 지나친 통화팽창은 항상 경계의 대상일 수밖에 없었던 역사적 경험이 존재한다.

　따라서 디플레이션의 폐해를 감안한다면 통화재팽창이 필요할 법도 하지만 현실적인 제약도 만만치 않다. 특히 유럽의 경우는 제약이 더욱 심하다. 유로화가 통용되는 유로존 국가들은 '성장 및 안정에 대한 조약'을 발효시키고 있는데, 이에 의하면 2% 인플레이션, GDP 대비 3% 재정적자 및 60%의 정부부채 등의 상한제약조건이 지켜져야 한다. 이러한 목표들은 인플레이션에 대응하기 위한 목적에서 도입된 것들이다. 이 같은 분위기에서 통화재팽창과 같은 금융정책은 어울리지 않는 것이었다.

유럽경제의 주름살을 깊게 하고 있는 독일경제의 디플레이션 우려와 그 처방에 있어서도 통화팽창 정책은 그다지 지지를 받지 못하고 있다. 우선 독일경제가 일본과 같은 디플레이션 상황이 아니라는 점이 지적된다. 예를 들어 일본에 비해 임금조정이 느리기 때문에 장기적으로 가격하락이 저지되고 있다. 또한 독일에는 일본의 디플레 초기와 같은 자산버블이 없었다. 이런 관점에서 보면 독일의 문제는 물가하락(디플레이션)이 아니고 높은 임금비용과 비싼 사회복지시스템, 높은 세금, 관료주의, 경직적 노동시장 등의 구조적인 문제들이다.

따라서 독일은 구조개혁을 통한 경제구조 개선이 시급하지, 통화재팽창이 시행될 경우 오히려 물가인상, 통화가치 하락 등의 역효과만 예상된다는 것이다.

결국 통화재팽창과 같은 거시경제적 수요관리 정책은 미국과 유럽의 선진국들에게 예방단계의 임시적 대응책이 될지는 몰라도 근본 치유책이 되기는 힘든 것이 사실이다. 다만, 디플레이션 우려를 안고 있는 선진국들이 구조적 문제를 해결하는 과정에서 일시적이고 적절한 강도의 통화재팽창 정책을 사용하는 것이 필요할 수도 있을 것이다.

10 디플레이션과 미국 달러화

2008년이 저물면서, 인플레이션(inflation)시대가 저물고, 이제 대세는 디플레이션(deflation)이라는 소리가 들린다. 디플레 악몽이 재현될 지도 모른다는 우려로 전 세계는 막연한 공포를 느끼고 있지만 슬그머니 미소 짓는 쪽도 있다. 바로 인플레로 입지가 좁아질 수 있었던 미국의 달러다.

미국은 금융위기를 진화하기 위해 엄청난 달러를 찍어내고 있다. 2008년 말까지 나온 규모만 7조 달러를 넘을 것으로 추산된다. 이 어마어마한 달러들은 곳곳으로 침투해 빡빡하고 마모된 경제 내의 수레바퀴들에 윤활유 역할을 해 줄 전망이다.

그러나 디플레 공포 바로 뒤에는 인플레가 도사리고 있다. 오랫동안 지속적으로 달러가 풀리고 있는 것은 분명 인플레의 리스크를 키울 수밖에 없다. 당장은 미국보다 상황이 더 나쁜 세계경제와 디플레 우려가 달러가치를 부양해 줄 수 있겠지만 최종적인 운명마저 낙관했다간 큰 코 다칠 수 있다.

2008년 금융위기의 주범을 꼽으라면 미국이 분명 1순위지만 그만큼 공격적으로 위기에 맞서고 있는 주체 역시 미국이다. 게다가 기축통화

국가로서 미국은 국내는 물론 통화스왑 라인 개설 등을 통해 전 세계에 유동성을 수혈해 주고 있는 상황이다.

미국이 쏟아 부은 달러는 실로 엄청나다. 유명 경제전문 일간지에 따르면 2008년 말까지 금융위기 이후 미국 정부는 경제를 살리기 위해 7조 달러에 달하는 지원책을 내놨다. 미국 국민 1인당 2만3,000달러에 달하고, 미국 연간 국내총생산(GDP)의 절반을 넘어서는 규모이다. 또 다른 유명 경제전문 일간지 집계에서도 이를 7조7,600억 달러로 추산됐다.

역사적으로도 매머드 급이다. 미국이 이번 2008년 하반기를 제외하고 위기를 치유했던 가장 최근 시기는 지난 1980~1990년대 저축 대부조합(S&L) 사태로 당시 쏟아 부은 돈의 규모는 1,600억 달러 수준이었다. 지금 달러가치로 환산해도 2,370억 달러 규모에 불과하다.

물론 7조 달러가 모두 시중에 풀린 것은 아니다. 일부 지원책은 이미 은행들에 들어갔다가 회수됐고, 책정된 규모 가운데 일부만 쓰인 지원책도 여럿 된다. 아직 쏟아 부은 돈이 실물경제로 파급되지 못하면서 지원규모를 실감하는 쪽도 별로 없다.

그러나 달러는 어마어마하게 풀리고 있다. 그리고 당분간 계속해서 더 풀릴 것이라는 점은 부인할 수 없는 현실이다.

달러가 풀리면서 자연스럽게 시장에서는 걱정거리가 생겼다. 이 많은 달러들이 사라지지 않고 어딘가 머물러 있다면, 그리고 다시 경제가 회생하는 시점이 온다면 그건 분명 시장이 두려워하는 '인플레의 광시곡'

이 될 것이기 때문이다.

하지만 이를 염려하기 전에 세계 경제에 닥친 것은 인플레보다 더 무섭다는 디플레였다. 2008년 초만 해도 전 세계 화두였던 인플레는 디플레에 자리를 내 준 지 오래다. 장기간 자산가격이 하락하는 디플레가 나타날 경우 '제2의 대공황' 재현도 불 보듯 뻔하다.

이런 상황이다 보니 자연스럽게 달러도 한숨을 돌렸다. 달러는 전 세계 경제가 다같이 가라앉자 그래도 믿을만한 통화로 새삼 인식되며 화려하게 부활했지만, 미국 정부가 달러를 쉴 새 없이 찍어대면서 재정적자 우려와 맞물려 달러 위상에도 균열이 생길 것을 모두가 우려하고 있다.

그러나 아직 미국달러화는 견조하다. 일본엔화와 함께 안전자산으로서의 선호 현상도 꽤 지속될 가능성이 높다. 게다가 향후 인플레를 조장할 수 있는 잉여 유동성에 대한 연방준비제도이사회(Fed)의 통제 능력에도 자신하는 분위기다. 회복되는 경제와 맞물려 유동성이 팽창하며 달러를 위협하기 전에 연준이 먼저 선제적으로 나서 금리인상 등을 통해 유동성을 충분히 흡수할 수 있다는 논리다.

어느 날 갑자기 우리 앞에 나타난 디플레의 공포 앞에 모두들 숨죽이고 미국 달러화의 앞날을 걱정스런 눈으로 지켜보고 있는 형국이다.

11 디플레이션과 국채

 "디플레이션 하에서 믿을 것은 오직 국채뿐이다."

2008년 말 디플레이션의 위기 아래서 금융위기로 갈 곳 잃은 투자자들이 국채로 몰려들었다. 미국 장기 국채 값은 연일 사상 최고치를 치솟고 있고, 일본이나 유럽의 풍경도 엇비슷했다.

특히 전 세계를 무섭게 가라앉히고 있던 경기후퇴(recession)가 디플레이션으로 진화할 조짐을 보이자 국채에 대한 매력은 더욱 커졌다. 디플레이션은 모든 자산의 가격을 침식시키지만 전 세계 금리인하 공조와 각국의 공격적인 통화완화와 맞물려 장기국채는 그나마 가장 믿을 만한 도피처로 지목되기 때문이다.

금융위기 속에서 국채가 각광을 받는 것은 어제 오늘 일이 아니다. 이미 글로벌 경기후퇴(recession)의 그늘이 짙어지면 항상 국채는 안전자산으로 상종가를 치기 마련이다. 주식과 부동산 등 인기자산들의 거품이 급격히 꺼지게 되면 특히 미국의 국채는 달러와 함께 각광받는 도피처로 사랑받았다.

글로벌 금융위기로 인해서 과거 세계대전을 비롯해, 위기 상황에서 각광받은 전쟁채권이 다시 부활할 조짐이다. 애국심 호소를 앞세운 준準국채를 비롯해, 이른바 국채의 시대가 도래한 것이다.

디플레이션은 모든 자산의 가치를 끌어내리지만 국채는 상대적으로 디플레이션에 강하다. 특히 디플레이션 우려가 커지면서 장기채의 매력을 새삼 확인하는 흥미로운 현상이 나타났다. 과거 영국의 전쟁채권(War Bond)의 존재감이 새삼 다시 부활하고 있는 것이다. 영국에서는 디플레이션 우려가 커지면서 제1차 세계대전 채권(World War I debt) 이른바 전쟁채권을 사는 사람이 늘었다.

영국은 지난 1917년 전쟁비용을 부담하기 위해 이 채권을 처음으로 발행했다. 당시 영국은 나라를 살리자는 애국심에 호소했고, "싸울 수 없다면 5%짜리 채권에 투자해 나라를 도울 수 있다"는 것이 당시 광고 문구일 정도였다. 이는 만기가 없는 영구채권으로 3.5%의 쿠폰금리를 제공하는데, 투자자들은 지금까지도 여전히 19억 파운드(29억 달러) 어치를 보유하고 있고 발행 이후 90년간 이자를 받고 있다.

금융투자 전문가들은 "디플레이션 우려가 커진다면 국채만이 수익률을 낼 수 있는 유일한 상품"이라며 "적어도 당장은 인플레이션이 문제가 안 된다"며 국채에 투자할 것을 추천하고 있다.

만기가 이처럼 길지는 않지만 미국에서도 또 다른 류의 '전쟁채권'이 등장했다. 바로 연방예금보험공사(FDIC)가 보증하는 금융기관 채권들이다. 2008년 말 골드만 삭스를 시작으로, 모간스탠리, BOA, 씨티와 GE 등의 채권발행이 잇따르고 있다.

미국은 제2차 세계대전 이후인 1941년 루즈벨트 대통령 당시 인플레이션을 막기 위한 목적으로 일종의 저축채권인 '전쟁채권'을 만들었다. 당시 역시 애국심에 호소하면서 상당한 인기를 끌었고, 금리도 거의 0%에 가까웠다. 2004년 9.11 테러 당시에도 유사한 채권이 발행되기도 했다.

이미 세계 재정이 구멍 난 상황이라 국내에서 저리에 돈을 마련해야 하는 미국으로서는 전쟁채권 부활이 고려될 만하고 이미 정부보증 채권을 통해 간접적으로 부활했다는 평가도 나오고 있다. 불과 몇 주 전까지 디폴트 가능성이 높은 채권으로 분류된 금융채권들은 정부가 원리금의 지급을 보증하자 준準국채로 둔갑해 버젓이 팔리고 있다. 다만 과거에는 전쟁채권의 당위성이나 수혜가 분명히 눈에 들어왔지만 2008년 촉발된 글로벌 금융위기 하에서는 실제 그 구조를 모른 채 인기리에 팔리고 있다는 것이 차이점이긴 하다.

12 디플레이션과 금값

 '금에 투자하라.'

최근 들어 금 매수를 추천하는 전문가들이 늘고 있다. 경기 불황기에는 금값이 상승한다는 통념에도 불구하고 현재 금값이 약세를 보이고 있지만 여전히 금 투자는 매력적이라는 주장이 많다.

미 달러가 자국 내 경기 침체로 약세로 돌아서면 금 등의 안전자산 수요를 늘리는 것이 보통의 흐름이지만, 예상과 달리 이례적인 달러 강세는 전문가들도 헷갈리게 만드는 모습이다. 일부 전문가들이 미국 외 지역의 경기 후퇴가 더 심각하다는 이유로 지속적인 달러 강세를 전망하는 반면, 막대한 자금 투입으로 인한 미 달러의 공급증가로 인플레이션이 급등(달러가치 급락)하면서 결국 금값이 상승할 것이라는 전망도 나오고 있다.

특히 금은 인플레이션 헤지 수단으로도, 또 현금 등가 상품이란 점에서 디플레이션 시기 투자 대상으로도 적합하다는 분석이다.

2008년 12월 현재, 금값은 온스 당 800달러 선을 넘어섰다. 달러가 약세를 보이면서 상대적으로 금에 대한 투자 메리트가 늘어났고, 불확실성에 대한 헤지 수단으로 금을 매수하는 경우도 늘었다. 전문가들은 지지선인 온스 당 750달러 선이 잘 유지되고 있기 때문에 단기적으로 850달러 돌파를 시도하게 될 것으로 내다보고 있다.

장기적인 금값 전망은 더 긍정적이다. 2009년 중에는 금값이 온스 당 1,200달러에 이를 것이라는 전망과 더불어 최근에는 장기적으로 2,000달러를 넘어설 것이라는 전망도 나오고 있다.

금시장 전문가들은 통화 공급이 늘어나면서 장래에 금값이 2,000달러를 넘어설 것이라고 밝혔다. 이들은 "장기적으로 금시장에 대한 강세 전망을 유지하고 있다"면서 "금값 2,000달러 시대는 내일이나 다음 주, 다음 달이 아니며 장기적인 관점일 뿐"이라고 말했다.

이들은 또 일부 국가들에서 경기에 대한 추가적인 불확실성과 정치적 불안정성이 나타나고 있으며, 이로 인해 금만이 완전한 안전자산이 될 수 있다고 덧붙였다.

최근 월가에 대한 금융구제와 경기 부양을 위한 각국 정부의 재정지출이 늘어난 것도 금값 상승에 일조했다. 막대한 자금이 시장에 흘러들면서 이것이 자칫 인플레이션으로 이어질 수 있고, 통화가치를 떨어뜨릴 위험이 있기 때문에 실물 자산인 금이 달러화보다 안전한 것으로 평가되고 있다.

하지만 반대 상황인 디플레이션 상황에서도 금은 여전히 매력적이다.

제프리 니콜스 미국 귀금속 협회 이사는 "디플레이션 가능성을 주장하는 사람들은 현금을 보유한 것과 동등한 가치를 가지는 금 매수를 추천한다"고 밝혔다. 불확실성이 계속되고 있지만 금은 '달러로 평가되는 실물자산'이라는 이유로 긍정적 평가를 받고 있다.

다른 금융시장에 비해 금 현물시장의 매수세가 꾸준히 이어지고 있다는 점도 금값 상승 가능성을 높게 한다. 현재 동서양을 막론하고 금 현물 수요는 강한 편이며, 주요 금 생산사들은 재고량 부족 상황을 겪고 있는 것으로 알려졌다.

13 일본 디플레이션의 원인

디플레이션은 상당기간 동안 지속적인 물가하락이 지속되는 것을 말한다. 제2차 세계대전 이후의 자본주의에서는 정부가 통화량과 함께 총수요를 적극적으로 관리한 결과 60년 이상 디플레이션의 발생이 억제되어 왔다. 이런 점에서 1990년대 이후 일본이 디플레이션에 빠진 것은 대단히 특이한 일인 셈이다.

일본이 디플레이션에 빠지는 과정을 보면 물가 하락 현상이 난계석으로 진행되었음을 알 수 있다. 우선, 1980년대 후반부터 도매물가가 하락하기 시작하였고, 주식과 부동산 버블 붕괴의 후유증이 본격화된 1990년대 말에는 소비자물가도 하락세로 돌아섰다.

일본의 물가가 오랫동안 하락 추세를 보인 것은 일본시장의 실질적 개방화와 함께 엔화가 급격한 강세를 나타내면서 공산품을 중심으로 수입물가가 하락세를 나타냈기 때문이었다. 이 결과 일본의 제품수입비율(농산물, 원료, 에너지를 제외한 제품수입이 총수입에서 차지하는 비율)은 1984년의 29.8%에서 2002년 8월에는 62%로 급격히 상승했다. 일본

---

* 이 글은, 이지평, "일본경제 디플레이션의 교훈", Economic Analysis, LG경제연구원, 2003년 1월.을 참조함.

의 무역구조가 과거에는 주로 원료를 수입해 이를 가공해서 만든 제품을 세계 각국에 수출하던 구조에서 제품을 서로 수출입하는 수평적인 분업 구조로 변해온 것이다.

1990년대 초에는 물가의 하락이 일본의 고물가구조를 시정하는 가격파괴 현상으로서 환영된 측면도 있었다. 엔고를 통해 증대된 구매력을 활용해서 생활수준을 실질적으로 높일 수 있다고 여겨진 것이다. 그러나 1990년대에 일본경제가 장기부진을 보이는 한편 중국, 러·동구, 기타 아시아 각국들이 세계시장에 진출해 경쟁이 한층 격화되면서 물가의 하락세가 한층 심화돼 일본경제의 부담이 가중되기 시작했다.

저렴한 노동력을 활용한 개도국의 저가품 수출 공세와 함께 전 세계적으로 규제완화나 시장개방화 수준이 심화돼 글로벌 경쟁이 격화되면서 일본의 물가하락 압력이 높아지고 있다고 할 수 있다.

그리고 EU, NAFTA 등 지역경제권이 확대되면서 규모의 경제효과와 경쟁강도가 더욱 높아져 물가하락 압력을 가중시키고 있다. 특히 일본은 세계의 공장으로 부상하고 있는 중국으로부터의 저가품 수입 확대와 함께 물가하락 압력을 크게 받고 있었다.

자본주의 역사를 보면 1873~1896년에도 주요국에서 장기적으로 물가수준이 하락하는 글로벌 디플레이션 현상이 나타난 바 있다. 이 때는 세계의 공장이라는 지위가 영국에서 미국과 독일 등으로 분산되는 주도국의 변화 시기이기도 했다. 당시와 같이 오늘날에도 중국이 새로운 세계의 공장으로 부상하면서 비슷한 현상이 나타나고 있는 것이다.

이러한 글로벌 경쟁의 격화는 선진국 산업의 구조조정을 촉진하고 기술혁신과 생산성 향상을 요구하며, 이것이 다시 물가를 하락시키는 요인으로 작용하고 있다. 예를 들면 선진국이 지식집약형 산업으로 변하면서 기존의 중화학공업제품에 대한 수요가 감소하고 있다. IT나 바이오산업의 경우 과거에 비해 각종 원료나 장비, 부동산 등을 덜 필요로 하기 때문이다.

또한, 필요한 인력이 소수 정예화 되면서 고용효과도 감소하고 있다. 일본의 경우 실제로 1990년대 이후 물가의 하락과 함께 제조업 취업자수가 지속적으로 감소하고 있다.

글로벌경쟁 격화와 산업구조의 변화 효과 등은 일본 이외의 다른 선진국에서도 나타나고 있다. 그럼에도 불구하고 일본만 유독 디플레이션에 빠진 이유는 무엇일까? 위에서 언급한 일반적 요인 외에 일본의 특수 요인이 작용했기 때문이라고 할 수 있다. 그것은 부동산과 주식의 버블 붕괴에 따라 부실채권이 누적되면서 발생한 부채-디플레이션(debt-deflation) 때문이다.

부채-디플레이션이란 통화량의 위축과 함께 물가가 하락하면서 기업의 채무부담과 수익성이 악화되고 → 투자 위축 → 고용악화 → 총수요 감소 → 물가 하락 →기업수익 악화의 악순환이 발생하는 현상을 말한다. 이 과정에서 기업부도의 확대와 함께 금융경색이 더욱 심해져 실물경제와 금융경제가 동시에 위축되는 것이다. 한 국가의 신용규모는 담보가치에 의해 제약되기 때문에 버블붕괴 이후 일본의 자산가치가 지속적으로 하락하고 부실채권이 늘어나고 통화량이 감소하면서* 통화의 가치 상승, 물가의 하락 현상이 심해진 것이다.

게다가 일본에서는 부실기업의 정리가 지연되면서 공급과잉 현상이 심해지고 구조적인 물가하락 압력이 장기화되었다. 예를 들어 수익성이 악화된 기업이나 부도기업에 대한 은행의 지원이 지속되고 부실채권의 처리가 지연된 결과 가사假死 상태에 빠진 기업의 무차별 덤핑이 속출하여 물가하락을 더욱 부채질했다. 또한 물가 하락에도 불구하고 명목임금의 하방경직성 때문에 실질임금이 지속적으로 상승해 기업의 투자가 침체되고 실업이 확대되는 부작용도 발생했다.

물가하락은 원래 임금을 포함한 각종 요소 가격을 낮추고 부실기업을 도태시켜 건전한 기업이나 신규기업에게 좋은 투자여건을 조성하는 효과가 있다. 그러나 일본의 경우는 이와 같은 시장메커니즘이 가진 조정 기능이 제대로 작동하지 못했기 때문에 물가하락세가 장기화되고 있는 것이다.

---

* 경제침체가 오래 지속되면 부실채권이 늘어날 것을 염려해서 은행 등의 금융기관 등은 대출을 축소시키려 한다. 이런 상황에서는 중앙은행이 아무리 본원통화를 늘려서 공급해도 시중은행의 파생통화가 늘어나지 않는다. 오히려 파생통화의 위축으로 경제 전체의 통화량은 감소하는 현상이 발생한다.

14 경제위기와 재정의 역할

2008년 발생한 세계적인 금융위기와 이에 따른 심각한 경기침체에 대해 정부가 대응할 수 있는 가장 좋은 정책수단은 재정정책을 통한 경기부양일 것이다. 통상적으로 금융위기로 시작된 경기침체에 대해서 금리를 인하하고, 통화량을 늘리는 방식의 금융정책은 큰 효과를 거두기 어렵다. 금융위기가 가져온 금융시장의 충격 때문에 놀란 가계와 기업 그리고 금융기관들마저도 현금 확보에 주력함으로써 시중에는 자금순환이 거의 정지되는 일이 많기 때문이다.* 이렇게 되면 금융정책은 경기를 부양하기 위한 정책으로는 아무런 쓸모가 없게 된다. 강력한 재정수단의 역할이 상대적으로 중요해지는 것이다.

전형적인 재정수단은 감세와 지출확대 두 가지 유형으로 나누어 볼 수 있다. 구체적인 내용에 따라 같은 유형이라도 그 효과나 부작용 등이 매우 다를 수 있다. 그러나 먼저 지출확대와 감세의 일반적인 특성을 생각해 보고 어느 쪽에 역점을 둬야 할지를 생각하는 전략적 판단을 하는 것이 중요하다는 생각이다. 초보적인 경제학 교과서에 보면 경기대책으로서 지출 확대가 감세보다 더 강력한 효과를 갖는다고 되어 있다. 이른

---

* Keynes는 이런 현상을 유동성함정이라고 불렀다. 유동성함정에 빠지면 중앙은행이 통화량을 아무리 늘려도 자금이 시중에 순환되지 못해서 일정한 수준 아래로는 금리가 더 내려가지 않게 된다. 달리 말해 화폐의 유통속도가 급격히 하락하는 것이다.

바 승수가 더 크다는 것이다.

물론 이것은 지출이 대부분의 복지지출을 포함하는 이전지출이 아니고 정부 소비나 정부투자의 성격을 갖는 것일 때의 이야기이다. 그러나 지출확대정책이 갖고 있는 매우 근본적인 문제들은 그런 교과서들에서는 잘 다뤄지지 않는다.

첫째로 긴급하게 나타나는 위기상황에서 재정지출을 신속하게 늘리는 것 자체가 그렇게 쉬운 일이 아니라는 점이다. 내부시차가 길다는 이야기를 하기는 하지만 그것으로 충분하지 않다는 것이다. 수정예산의 편성이나 추경예산의 편성과 심의 결정 등이 절차상 또는 정치적 이유 등으로 상당한 시간이 걸린다는 점은 강조가 되고 있다. 그러나 정작 중요한 것은 돈을 어디에 어떻게 써야 할 지를 결정하는 것인데 그것이 매우 어렵다는 점은 간과되고 있다고 생각된다.

선반에 얹어뒀던 사업계획이 있으면 모를까 갑자기 막대한 금액을 유효하게 집행할 수 있는 사업을 선정해서 그것을 시행하는 것이 매우 어려운 일이라는 것이다. 과거 국민의 정부와 참여정부 시절에 예산의 조기집행이라는 '수단'을 자주 사용했었다. 경기 활성화를 위해 이미 확정된 예산사업의 집행을 몇 개월 앞당기라는 주문이었다. 그러나 그러한 정책은 대체로 실패했는데 그 이유는 조기집행이 잘 시행되지 않았다는 데 있다. 자칫하면 막대한 재정이 적기에 경기활성화 효과를 거두기는커녕 황당한 낭비와 함께 타이밍 오류로 인한 경기 교란까지 초래할 수도 있다는 점을 염두에 둘 필요가 있다.

지출 확대가 가져오는 또 하나의 문제는 일단 지출이 늘어나면 나중에 그것을 되돌리는 것이 지극히 어렵다는 것이다. 정부규모 팽창은 지출 확대가 불가피했던 시기마다 지출 확대사유가 해소된 뒤에 지출규모를 제자리로 돌리는데 실패했기 때문이라는 전통적 이론에 귀를 기울일 필요가 있다. 1930년대의 공황에 대응해서 만들어졌던 테네시계곡개발청(TVA)은 2차대전 후 경기가 장기간 호황을 보이고 있던 기간은 물론 월남전으로 미국 경제가 과열돼 있던 1960년대 중반에도 계속해서 테네시계곡 일대에서 댐을 막는 사업을 계속하고 있었다.

반면 감세는 재원의 처분을 민간에 맡기는 방식이라고 할 수 있다. 감세는 매우 신속하게 결정·시행할 수 있고 그러한 조치로 말미암아 생성된 재원의 집행은 민간부분에 의해서 분권적인 형태로, 따라서 매우 효율적으로 이뤄지게 된다. 감세의 또 하나의 중요한 매력은 감세과정에서 조세구조의 합리화 또는 효율화를 도모할 수 있다는 것이다. 기왕에 여러 가지 이유로 감세 또는 조정을 하기로 계획했거나 그러한 개혁을 추진하고 있었던 세목들이 있다면 경제위기를 감안해서 이러한 조치의 강도와 시기를 조절하는 것은 그렇게 어렵지 않은 일이라고 판단된다.

경제위기 발생시에는 재정건전성의 문제를 생각할 겨를이 없다고 해도 결국 위기가 지나가면 이 문제로 다시 돌아오지 않을 수 없게 되는데, 지금의 대응방향에 따라 그 때 우리가 직면하게 될 재정건전성 문제의 크기와 질이 매우 달라질 것이다. 재정의 확대를 완전히 막자는 주장은 아니다. 우리 경제가 깊은 불황의 수렁으로 빠져드는 것은 막아야 한다. 그러나 재정의 확대보다는 감세에 훨씬 더 큰 비중을 두고 전략을 짜야 한다는 생각이다. 감세 중에도 법인세율의 인하를 더욱 과감하게 그리고 신속하게 추진하는 것이 필요하다. 이것은 결국 투자의 확대를 통한 일자리 확대와 세수 증대를 가져올 것이기 때문이다.

부가가치세는 앞으로 우리나라 뿐 아니라 세계 대부분 국가들이 더 크게 의존하게 될 중심 세목이다. 우리 모두가 걱정하는 분배 개선과 복지 확충은 법인세 같은 비효율적인 조세의 비중을 줄이고 효율적인 부가가치세의 역할을 확대하는 조세구조의 합리화를 강력하게 요구하고 있다.

2008년 발생한 전 세계적인 금융위기와 경기침체는 100년 만에 한번쯤 찾아오는 경제위기라고들 한다. 케인지안적인 경기수단만으로 대응할 수 있는 성질의 것이 아니다. 국가의 모든 역량이 동원되고 결집돼야 한다. 비효율적인 제도와 정책 관행 등이 과감하게 청산돼야 한다. 이럴 때일수록 법과 질서가 엄정하게 세워져야 한다.

part 3
인플레이션

01 인플레이션의 개념

인플레이션이 경제용어로 쓰여지게 된 것은 19세기 후반부터이다. 즉 1861년의 북아메리카 남북전쟁 때 전비를 조달하기 위하여 지폐를 남발하고, 그 결과 물가상승이 나타난 이후의 일이다. 그러므로 인플레이션의 개념을 종종 통화팽창에 의한 물가상승이라고 규정하고 있다.

역사적으로 통화팽창이 인플레이션을 야기한 사실은 허다하다. 이를테면, 나폴레옹전쟁 당시(1797~1819) 잉글랜드은행이 은행권을 남발함으로써 금가격과 물가의 폭등을 초래하는 인플레이션을 야기하였다. 또 프랑스혁명 때(1789~1794)에도 불환지폐를 남발하여 앗시니화 인플레이션을 초래했다. 1862년부터 1879년 사이에 미국에서 일어난 그린백화 인플레이션도 통화팽창이 낳은 것이다. 그리고 제 1차세계대전 이후 독일에서 나타난 마르크화 인플레이션도 통화팽창이 초래한 것이며, 소비에트 러시아의 루불화 인플레이션도 그런 것이었다.

그러나 통화량의 팽창을 반드시 인플레이션이라고 할 수는 없다. 케인즈는 통화량의 팽창이 반드시 물가상승을 수반하지는 않음을 강조하면서, 통화팽창을 인플레이션과 동일한 말로 해석하는 것은 화폐수량설에 입각해서 생기는 오류라고 반박했다. 케인즈는 총수요의 원리에 입각해서 인플레이션을 새롭게 정의하려고 시도했다. 그는 인플레이션을 국민경제 전체의 총산출량을 초과하는 경제 전체의 총수요가 오랫동안 지속되는 경우에 발생되는 현상으로 보았다. 즉 총공급보다 총수요가 많은 까닭에 물가가 상승하는 것이라고 보았다.

그러나 인플레이션의 개념을 보다 정확히 하기 위해서는 몇 가지 조건을 더 보충할 필요가 있다.

첫째, 인플레이션은 어떤 특정 재화에만 국한시켜 이야기할 수 없다는 것이다. 인플레이션은 국민경제 전체를 대상으로 하는 현상이므로 개개 재화의 가격변동으로써 말할 성질의 것은 아니다. 그러나 개개 재화의 가격상승이 물가상승을 유발하여 인플레이션을 유도하는 경우는 허다하다. 원자재가격이나 곡물가격 등이 그러한 예이다.

둘째, 어떤 특정 기간에만 모든 경제재에 초과수요현상이 나타난다고 하더라도 그것은 인플레이션이라고 할 수 없다. 왜냐하면, 그 기간을 지나면 총수요와 총공급의 불균형은 자동적으로 해소되어질 수 있기 때문이다. 이와 같은 현상을 물가의 계절적 변동이라고 하며 연말성수기에 자주 나타나는 현상이다.

셋째, 인플레이션은 누적적 진행(spiral progress)의 요인을 내포하고 있다는 점이다. 이것을 인플레이션의 관성력이라고도 한다. 즉 어떤 원인에 의해서 인플레이션이 나타나면 그것이 원인이 되어 더욱 심한 인플레이션이 유발되는 것이다. 이를테면 인플레이션은 물가상승으로 나타나므로 대중의 투기심리를 조장하고, 그것은 초과수요를 더욱 심하게 하여 물가상승을 더욱 부추기게 되는 것이 일반적이다.

앞서 언급한 바에 의하여 인플레이션의 개념을 다음과 같이 규정할 수 있다. 즉, (1) 국민경제 전체를 대상으로 한 현상이며, (2) 총공급에 비하여 총수요가 더 많은 초과수요에 의하여, (3) 물가상승이 지속적으로 나타나는 경제현상이다. 그러나 (4) 계절적 변동에 속하는 경우는 제외되며, (5) 누적적으로 진행되어 같은 방향으로 계속 움직이려는 관성력을 갖고 있는 것이 인플레이션이라고 할 수 있다.

02 인플레이션과 디스인플레이션

인플레이션의 사전적 정의는 화폐가치가 하락하여 물가가 전반적이고 지속적으로 상승하는 경제현상을 말한다. 인플레이션이 발생하는 원인은 서로 다른 두 가지 접근방식으로 설명된다. 하나는 화폐적 접근방식인데, 통화의 팽창이 인플레이션의 주요하고 유일한 원인이라는 설명이다. 또 다른 접근방식은 사회 전체의 총수요(소비수요, 투자수요, 정부의 지출수요, 순수출의 합계)가 총공급(사회 전체의 정상적 생산수준을 의미)을 초과함으로써 발생된다는 케인즈학파적 접근방식이다.

그러나 물가수준이 지속적으로 상승하는 현상을 인플레이션이라고 정의할 때 여기서 물가수준이라 함은 수많은 개별상품들의 전체적 가격수준을 총칭하는 것으로 매우 추상적인 개념이다. 그래서 인위적으로 선정된 몇 가지 중요한 품목들의 가격수준을 평균하여 물가지수(price index)라는 구체적 수치를 만들었다. 우리는 이같이 인위적으로 가공하여 만들어진 물가지수의 변화를 전체 물가수준의 변화라고 받아들이게 되었다.

그러나 물가수준의 지속적 상승과정이라는 인플레이션의 일반적 정의는 인플레이션에 대한 기본적이고 일차적인 개념이 무엇인지를 말해

줄 뿐이다. 다음과 같은 몇 가지 고려해야 할 점들이 있다는 것을 유념하자.

첫째, 물가가 얼마 동안의 기간에 몇 % 이상 상승할 때 인플레이션이라고 하는가에 대해서는 의견이 서로 다를 수 있다.

둘째, 물가가 외견상 상승한 반면 제품의 질도 크게 향상된 경우에는 인플레이션이라고 볼 수 없을 것이다. 반대로 물가는 그대로 이지만 질이 현저히 떨어지게 된 경우에는 실질적으로 보면 인플레이션이 일어났다고 볼 수 있다는 점이다.

셋째, 정부가 물가상승을 억제하기 위해 가격통제를 실시하는 억압형 인플레이션*의 경우에 물가지수는 높아지지 않지만 암시장가격은 크게 상승하는 경우가 있다. 이런 점을 고려해 보면 인플레이션 유무의 판단은 그렇게 간단한 것이 아닐 수도 있다. 그러나 통상 4~5% 정도의 물가가 상승하는 경우, 이를 제품의 질적 변화나 물가지수, 계산상의 오차 등으로는 설명할 수 없기 때문에 인플레이션이 일어났다고 볼 수 있다.

또한 이 같은 인플레이션을 극복하기 위해 통화증발을 억제하고 재정, 금융긴축을 실시하는 경제조절정책을 통칭해서 디스인플레이션(disinflation)이라고 부른다. 통화량이 급격히 증가해서 인플레이션이 발생될 경우, 그 시점의 통화량과 물가수준을 유지하면서 서서히 인플레이션을 수습하려는 물가안정정책을 말한다.

---

* 억압형 인플레이션(suppressed inflation)은 잠재적 인플레이션이라고도 한다.

디플레이션도 인플레이션 수습대책으로 시행되는 경우도 있다. 그러나 디스인플레이션이라 함은 상승한 물가수준을 원래 상태로 인하해서 되돌리려는 정책이 아니라, 현재의 물가수준을 유지하는 것이 정책의 목표가 된다. 물가수준을 인하시키려는 정책을 펴게 되면 경제성장률이 위축되면서 실업이 증가할 위험이 커지기 때문이다.

경제성장률을 유지하면서 실업률이 악화되는 것을 막기 위해서는 소비를 억제하면서 여기서 얻어지는 저축이 모두 투자로 연결되도록 할 필요가 있다. 만약 소비가 계속 증가되면서 저축을 능가하는 투자가 이루어지기 위해서는 통화팽창을 통한 인플레이션의 발생이 필연적이기 때문이다. 반면 저축보다 투자가 적어지면 디플레이션이 나타나면서 물가수준 하락과 실업률의 증가가 동시에 나타날 것이기 때문이다.

디플레이션은 인플레이션의 이상적인 수습책이지만, 고통스런 소비억제책 강행과 이 과정에서 일시적이나마 경제성장률의 하락과 실업률의 증가 등의 부작용을 나타내기 때문에 현실적으로 잘 사용되지 않는다.

03 인플레이션의 비용

인플레이션이란 물가수준이 지속적으로 상승하는 현상을 의미하는데 그 비용은 경제주체들이 인플레이션을 미리 예상했느냐, 아니면 예상하지 못했느냐에 따라 차이가 있지만 어느 경우든 모두 적지 않은 비용이 발생한다는 측면에서 동일하다.

미래의 인플레이션을 완벽하게 예상할 수 있다면 경제활동이 왜곡될 가능성은 크게 줄어든다. 앞으로 1년 동안 5%의 인플레이션이 예상되어 임금협약을 체결하거나 자금을 차입할 때, 그리고 소비나 투자를 할 때, 이를 반영했는데 이후 1년간 실제 인플레이션이 5%이었다면 그 의사결정은 옳은 것이 되기 때문이다.* 그러나 인플레이션을 완벽하게 예상할 수 있다고 하더라도 현실적으로는 적지 않은 비용이 발생한다. 이런 비용에는 다음과 같은 것들을 생각해 볼 수 있다.

첫째, 인플레이션이 예상될 경우 사람들은 가능한한 현금을 보유하

---

* 경제적인 의사결정의 기준은 명목개념이 아닌 실질개념이다. 따라서 인플레이션을 완벽하게 예상할 수 있다면 물가변동에 따른 실질변수의 변화가능성을 우려하지 않으면서 순수하게 실질변수만을 감안하여 의사결정을 할 수 있다. 예를 들어 여러 정황으로 보아 실질임금이 3% 상승하는 것이 옳다고 한다면 예상 물가상승률 5%를 더해 명목임금을 8% 인상할 것인데, 사후적으로 실제 물가상승률이 5%가 되면 실질임금도 3% 상승한 것이 되므로 당초의 의사결정효과가 그대로 나타나게 된다.

지 않으려 할 것이다. 인플레이션만큼 현금의 가치가 낮아져 현금보유의 기회비용이 커짐에 따라 현금보다는 인플레이션으로 인한 명목금리 상승으로 더 많은 이자소득이 발생하는 예금의 비중을 크게 하고자 하기 때문이다. 이 경우 사람들은 현금을 지출할 필요가 있을 때마다 더 자주 은행에서 현금을 찾아야 하며, 끊임없이 현금과 예금의 포트폴리오 구성을 조절해야 한다. 은행을 자주 방문하거나 포트폴리오 구성을 바꾸는 것도 일종의 비용인데 이를 흔히 신발이 닳아서 생기는 비용(shoe leather cost)이라 한다.

둘째, 앞으로의 인플레이션을 경제활동에 반영하는 과정에서도 비용이 발생할 수 있다. 예를 들어 인플레이션에 따라 세율을 변경할 필요가 있다면 세법개정안을 마련하여 국회에 제출하거나 세법이 개정된 이후 이를 실행하는 행정적 사무적 절차를 따라야 하는데 이 모든 것이 사회적 비용이다. 이러한 사례는 정도의 차이는 있지만 명목기준으로 결정되는 모든 계약에 적용된다. 하루가 다르게 물가가 상승한다면 그 때마다 노사협의를 통해 임금인상을 결정해야 하는데 이는 무척 번거로운 일이 아닐 수 없다.

셋째, 기업과 상인들은 물가상승에 맞추어 가격표를 자주 바꾸어야 한다. 가격변화에 대한 정보수집과 가격표를 교체하는 데서도 비용(menu cost)이 발생하는 것이다.

그러나 예상되지 않은 인플레이션에 의해 발생되는 인플레이션 비용은 예상된 인플레이션의 경우보다 더 심각하다. 예상하지 않은 인플레이션에 의한 피해들은 다음과 같은 것들을 꼽을 수 있다.

첫째, 인플레이션은 채무의 실질가치를 떨어뜨린다. 오늘의 1,000원이 1년 후에 불과 100원의 가치로 축소된다면 돈을 빌리면 빌릴수록 유리해져 경제가 과도한 채무의존형으로 바뀌고 기업들은 외형확대 위주의 경영형태를 보이게 된다. 1997년 말 외환위기의 한 원인이 되었던 우리 기업들의 높은 부채비율은 1960년대 이후 두 자리 상승률을 기록해 왔던 높은 인플레이션과 무관하지 않다. 이에 비해 돈을 빌려주는 채권자는 매우 불리해져 재산권에 대한 신뢰가 손상된다.

둘째, 인플레이션이 만연하면 정상적인 경제활동의 가장 큰 적인 미래에 대한 불확실성이 커진다. 불확실성은 모든 경제주체들의 의사결정이나 경제활동을 단기적 관점에서 이루어지도록 한다. 앞으로 자신의 실질소득이 어떻게 될지 모르는 상황에서 개인들은 합리적인 소비행위를 하기 어려우며, 자산가치가 어떻게 변할지 불투명하다면 기업들은 투자를 망설이게 될 것이다. 사람들은 장기보다는 단기로 자금을 운용할 것이며 이는 금융시장의 잠재적 불안요인이 된다. 또한 자금을 빌려주는 측에서 미래의 불확실성을 보상받기 위해 과도한 리스크 프리미엄을 요구하면 차입자의 실질적인 자금조달 비용이 높아질 것이며, 사람들은 금융상품보다 부동산과 같은 실물자산을 선호하게 되어 부동산투기가 만연될 가능성이 커진다.

셋째, 시장경제에서는 상품 간의 상대가격 변화에 의해 자원이 효율적으로 배분되는데, 모든 경제주체들이 인플레이션을 완벽히 예측할 경우 상대가격은 변하지 않으나 경제주체들이 서로 다른 인플레이션 기대를 가지게 되면 상대가격의 왜곡 가능성이 높아지고 자원배분의 효율성도 저하된다. 예를 들어 A재와 B재의 가격이 각각 10원, 100원이라고 하

자. 모든 경제주체들이 인플레이션을 똑 같이 10%라고 예상하면 A재와 B재의 명목가격은 각각 11원 및 110원으로 상승하겠지만 상대가격은 여전히 1:10으로 변하지 않는다. 그러나 예상치 않은 인플레이션으로 불확실성이 커져 A재를 생산하는 사람의 기대인플레이션은 5%이고 B재를 생산하는 사람의 기대인플레이션은 15%라고 한다면, A재의 명목가격은 10.5원, B재의 명목가격은 115원이 되어 B재의 상대가격이 높아지게 된다.* 이 경우 시장에서는 A재가 과소 생산되고 B재가 과대 생산된다. 이러한 현상은 생산자뿐 아니라 소비자들의 경우에도 똑같이 발생할 수 있다.

---

* 물론 A재를 생산하는 사람은 A재의 명목가격 상승(5%)을 상대가격 변화로 잘못 인식하여 A재의 생산을 늘릴 수도 있는데 이 때에도 역시 자원배분의 비효율성이 발생한다.

04 케인즈의 인플레이션 비용

경제학자 케인즈(J. M. Keynes)는 인플레이션을 경계해야 할 대상으로 보았다. 다음은 그의 유명한 저서들 중의 하나인 『평화의 경제적 결과(The Economic Consequence of the Peace)』로부터 인용한 것이다.* 케인즈는 제1차 세계대전 후 독일에게 강요된 조약으로 인해 경제적 어려움이 야기되고 국제적 긴장관계가 조성될 것으로 예측하였고, 그의 예측은 적중하였다.

> 레닌(Lenin)은 자본주의 체제를 붕괴시키는 가장 쉬운 방법은 화폐의 가치를 저하시키는 것이라고 말하였다. 인플레이션이 지속적으로 진행되면 정부는 국민들 부의 상당 부분을 알지 못하게 그리고 눈치 채지 못하게 **빼앗아 가게** 된다. 이 과정에서 단순히 빼앗아 갈 뿐만 아니라 자의적으로 탈취하게 되면 많은 사람이 빈곤해지는 반면에 일부 사람들은 부유하게 된다.
>
> 이런 자의적인 부의 재분배로 인해 기존에 유지되고 있던 평등한 부의 배분은 임의적이며 알지 못하게 변화된다. 받을 만한 수준 이상으로 심지어 기대 또는 희망 이상으로 횡재를 본 사람은 부당이득자가 되며, 이들은 인플레이션 정책으로 인해 무산계급 이상으로 손실을 입은 자본가 계급에게 증오의 대상이 된다. 인플레이션이 진행되어 화폐의 실질가치

---

* John Maynard Keynes, *The Economic Consequence of the Peace*, Macmillan, 1920, pp.219~220.

가 매월마다 큰 폭으로 변동되면 자본주의의 궁극적인 기초가 되는 채무자와 채권자 사이의 모든 관계가 무너져서 거의 의미가 없게 된다. 이에 따라 부를 축적하는 과정은 도박 및 복권 당첨으로 변질된다.

레닌은 이 점에서 아주 정확한 판단을 하였다. 화폐의 가치를 저하시키는 것은 사회의 기존 질서를 파괴하는 가장 사악하고 확실한 수단이다. 파괴하기 위해 경제법칙에 내재된 비밀스런 힘들이 모두 동원되지만 아무도 이를 간파할 수 없게 된다.

역사적으로 상기의 논리를 입증하는 다양한 예가 있다. 최근의 예는 1998년 러시아에서 발생하였으며 이 과정에서 고율의 인플레이션으로 인해 많은 국민들이 자신들의 루블화로 표시된 저축이 무용지물이 되는 것을 경험하였다. 레닌이 예견했던 것처럼 인플레이션이 발생하면 막 싹 트기 시작한 자본주의 체제를 심각한 위험에 빠뜨릴 수 있다.

05 초인플레이션의 비용

초인플레이션은 하루 물가상승률이 1%를 넘어 매달 인플레이션율이 50%를 초과하는 경우를 말한다. 이런 경우 여러 달을 복리로 계산하면 인플레이션율은 물가수준의 대폭적 상승으로 이어진다. 매달 50%의 인플레이션은 1년이 넘을 경우 100배 이상 증가하게 되며 3년이 지나면 200만 배 이상 증가한다.

경제학자들 간에 완만한 속도로 나타나는 인플레이션에 대해서는 그 비용이 큰 지 아니면 작은 지에 대해서 의견의 차이가 있다. 그러나 초인플레이션에 대해서는 이것이 사회 전체에 큰 해악을 끼친다는 것에 대해서 모두 동감하고 있다. 질적인 측면에서 볼 때 보통의 인플레이션이 초래하는 비용과 같다. 그러나 인플레이션이 극단적인 수준에 도달할 경우 영향이 심각하므로 이에 따른 비용도 더욱 명확해진다.

예를 들어 평소 소지하는 화폐의 보유량을 축소시킴에 따라 은행을 자주 방문할 경우, 이로 인해서 신발이 닳아서 생기는 비용(shoe leather cost)이 초인플레이션 하에서 심각해진다. 기업관리자들은 현금의 가치가 급속히 감소할 경우 현금관리에 많은 시간과 노력을 쏟게 된다. 생산 및 투자결정 같은 좀더 가치 있는 일로부터 시간과 노력을 전환시킴으로써 초인플레이션은 경제가 효율적으로 운용되지 못하게 한다.

메뉴비용(menu cost) 또한 초인플레이션 하에서 더욱 증가한다. 기업들은 아주 자주 가격을 인상시켜야 하므로 소비자들에게 가격에 대한 혼란과 불신을 초래하게 된다. 1920년대 독일의 초인플레이션 기간 동안 음식점에서는 종업원이 30분마다 식탁 위에 올라서서 새로운 가격을 알려주기도 했다.

이런 방식으로 초인플레이션 기간 동안 상대가격은 희소성을 올바르게 반영하는 일을 수행할 수 없게 된다. 가격이 큰 폭으로 자주 변할 경우 고객들이 최선의 가격을 알아보기 위해 가게를 둘러보는 것은 의미가 없어진다. 1920년대 독일의 초인플레이션 기간 동안 손님들이 술집에 들어가면 보통 맥주 두 주전자를 샀다고 한다. 왜냐하면 두 번째 주전자 안에 있는 맥주가 시간이 흐름에 따라 데워져 맛이 덜해지기 때문에 맥주의 가치가 감소하지만 손님 지갑 속에 있는 돈의 가치보다는 천천히 감소했기 때문이었다.

또 초인플레이션이 발생하면 납세자들은 세금의 납부를 되도록이면 후일로 미루려고 한다. 화폐가치가 연일 크게 하락하므로 되도록이면 늦게 세금을 납부하는 것이 유리하기 때문이다. 또한 대부분의 국가에서 세금이 부과되는 기준시점과 이 세금을 납부하는 시점에는 상당한 차이가 있게 마련이다. 이런 요인들로 발생되는 조세납부의 연기는 정부의 실질조세수입의 감소로 이어진다. 결과적으로 초인플레이션이 발생되면 정부의 실질조세수입은 대폭 감소할 수밖에 없다.

마지막으로 초인플레이션이 발생하면 소비생활에는 진짜 말 못할 정도의 불편함이 따라오게 된다. 가게에 생필품을 사러가는 경우, 소지해야 할 화폐의 부피가 집으로 운반해야할 구매 물품의 부피보다 크다고 생각해 보라. 짐바브웨에서는 계란 한 개를 사기 위해서 계란 한 판에 해당하는 부피의 지폐가 필요한 경우도 있었다. 이 경우 화폐는 거래를 불편하게 만드는 도구일 뿐이어서 결국 아무도 이런 화폐를 사용하려 하지 않을 것이다. 궁극적으로 초인플레이션이 초래하는 이 같은 비용들은 그 사회가 계속적으로 감내하기 힘든 비용을 발생시킨다. 시간이 흐름에 따라 화폐는 가치저장, 계산단위, 교환의 매개수단으로서의 역할을 상실할 것이다. 이내 물물교환이 일반화되며 담배 또는 미국 달러화와 같이 안정적인 비공식적 화폐가 자연적으로 그 나라의 공식적 화폐를 대체하게 된다.

06 볼리비아의 초인플레이션

월스트리트 저널(Wall Street Journal)지에서 인용한 다음의 기사는 1985년 8월 볼리비아에서 발생한 초인플레이션 기간 동안의 생활이 어떠하였는지를 보여 준다. 이 기사는 인플레이션이 사회 전체에 어떤 비용을 발생시키는 지를 잘 보여주고 있다.

제목 : 불확실한 페소 — 급속한 인플레이션 와중 속에 볼리비아인들은 화폐를 맞교환하는 데 열중하고 있다.

볼리비아의 라 파즈 지역에서 교사생활을 하고 있는 에드가 미란다(Edgar Miranda)씨는 월급으로 2,500만 페소를 받으면 한 순간도 지체할 수가 없다. 시간마다 페소가치가 떨어졌다. 따라서 그의 부인은 한달치 쌀과 국수를 구입하기 위해서 시장으로 갔으며, 그 또한 암시장에서 달러로 교환하기 위해 나머지 월급을 갖고 달려갔다.

미란다 씨는 오늘날 세계에서 가장 급격히 진행되는 인플레이션의 와중에서 첫 번째 생존법칙이 무엇인지를 보여준다. 볼리비아는 급속한 인플레이션이 사회를 어떻게 훼손시키는지를 보여 주는 사례가 되고 있다. 물가상승이 매우 심해서 숫자들이 거의 이해를 못할 정도로 부풀려졌다. 예를 들어 6개월 동안 물가는 연간 380배 증가하였다. 그러나 공식적인 발표에 따르면 지난해 물가는 20배 상승하였고, 올해는 80배에 이를 것으로 예상된다. 물론 다른 평가에 의하면 이보다 몇 배 더 높을 것으로 보인다. 여하튼 볼리비아의 인플레이션은 극심한 인플레이션이 두 가지 다른 예인 이스라엘의 3.7배, 아르헨티나의 11배를 오히려 낮은 것처럼 보이게 만들었다.

만일 38세의 미란다 씨가 그의 봉급을 신속히 달러로 바꾸지 않았다면 어떤 일이 벌어졌을 지는 쉽게 상상이 간다. 봉급으로 2,500만 페소를 받은 날 1달러는 50만 페소에 해당되어 50달러를 받았지만, 며칠 뒤 같은 금액의 봉급을 받았다면 교환비율이 90만 페소로 올라 겨우 27달러밖에 받지 못하는 결과가 되었을 것이다. 금광회사 관리인인 로날드 맥린(Ronald MacLean)씨는 "오늘만 생각하고 모든 페소를 달러로 바꾼다. 우리는 모두 근시안적인 결정을 내릴 수밖에 없다."고 말했다. 모든 사람들이 생존하기 위해 필사의 노력을 하고 있다. 공무원들은 뇌물이 없으면 신청용지도 주지 않는다. 법률가, 회계사, 이발사, 심지어 매춘여성까지도 거리에서 돈을 바꾸기 위해 일하는 것을 거의 포기하였다. 노동자들은 반복적으로 파업을 일으켰고 회사물건을 절도하였다. 회사 소유주들은 투기용 달러를 얻기 위해 무엇이든, 예를 들어 생산품 밀수, 허위대출, 조세회피 등을 자행하였다.

예를 들면 국립주석광산 생산량은 지난 해 1만 8,000톤에서 1만 2,000톤으로 감소하였다. 광부들은 점심도시락 통에 가장 좋은 순도의 주석원광석을 몰래 숨겨가 부족한 임금을 채웠으며 이 주석원광석은 밀수 경로를 통해 인접국가인 페루로 흘러들었다. 주요한 주석광산도 없는 페루가 지금은 1년에 약 4,000톤의 주석을 수출하고 있다.

라 파즈 지역에 있는 중장비업자는 "우리는 아무 것도 생산하지 않는다. 모두가 투기꾼이 되어버렸다. 사람들은 무엇이 옳고 무엇이 그른지 더 이상 알지 못한다. 비도덕적인 사회가 되어 버렸다."라고 말했다. 실질적으로 암시장의 모든 달러는 1년에 약 10억 달러를 버는 미국 코카인 중개업자와의 불법적인 코카인 무역에서 나온다는 것은 공공연한 비밀이다.

그러나 그러는 동안 정부수입이 지출의 단지 15%만을 감당할 수밖에 없게 되고 적자가 국가총생산의 거의 25%까지 확대됨에 따라 국가는 인플레이션으로 인한 고통을 감내하고 있다. 정부수입은 조세납부 지연으로 타격을 입고 있을 뿐만 아니라 광범위한 절도와 뇌물로 인해 대부분의 조세가 제대로 징수되지 않고 있다.

07 짐바브웨의 초인플레이션

 짐바브웨는 독재자인 로버트 무가베 대통령이 지난 1987년 집권 이래 경제난이 계속되고 있으며 2008년 물가는 무려 2억%나 폭등해, 2009년 초 '1조분의 1'로 화폐단위를 낮추는 디노미네이션을 단행한 대표적 하이퍼(초)인플레이션 국가이다.

2006년 짐바브웨 중앙은행은 1센트 지폐를 발행했다. 그러나 2007년 5월 발행된 지폐는 500억 달러짜리었다. 낭시 2파운느(약 4,000원) 하던 이 지폐는 두 달 만에 34펜스(약 70원)로 가치가 떨어졌다. 그리고는 2009년 초에는 급기야 100조 달러짜리 지폐까지 발행하게 되었다. 또 100조 짐바브웨 달러 지폐와 함께 10조, 20조, 50조 짐바브웨 달러 지폐들도 동시에 발행했다. 짐바브웨의 '하라레 헤럴드' 신문은 주말 로또 당첨금이 1,200조 달러(1.2 quadrillion: 1,000의 5제곱, 약 400만원)라고 발표했다.

현재 짐바브웨의 실업률은 80%로 국가 산업이 사실상 마비된 상태다. 짐바브웨에 살고 있는 시반다 씨는 지난 달 월급으로 1,500억 달러를 받았다. 경찰이나 교사들의 월급도 비슷하다. 이 돈으로 달걀 20개나 옥수수 10kg을 암시장에서 살 수 있었다. 사람들은 하루 한 끼로 때우며 병들어 가고 있다. 그러나 대부분은 병원에 갈 처지가 안 되고 그나마 병원에는 의사도 간호사도 약품도 없다.

수도인 하라레의 고급주택가에 사는 이쉬마엘 두브(60) 씨는 한때는 현재 짐바브웨 대통령 무가베의 정부에서 잘 나가는 고위 외교관이었으나 이제 가재도구와 옷마저 내다 팔고 있다. 그는 18세인 1966년 독립전쟁에 가담했고 당시 로도스 정부에 잡혀 15년이나 테러리스트로 옥살이를 했다. 1980년 독립 후 두브는 무가베 정부의 정보장교가 됐고 이후 유럽과 미국에서 고위 외교관 생활을 했다. 10년 전 퇴직할 때만 해도 별장이 두 개나 됐다.

두브씨는 스트레스를 풀기 위해 주로 맥주를 마셨지만 이제는 그것도 불가능하다. "지난 주 맥주 한 잔은 100억 달러였는데 이번 주 월요일에는 200억 달러가 됐다. 수요일에는 400억 달러였는데 지금은 600억 달러다." 두브는 두 대의 자동차를 팔고, TV 세 대도 내다 팔고, 오디오, 라디오 등을 닥치는 대로 내다 팔았지만 현재 딸들의 학교에 1조 2,000억 달러의 빚을 지고 있고, 학교에서는 연일 빚 독촉을 한다.

짐바브웨는 금융 전산화가 잘 된 나라였다. 그래서 직불카드를 이용해서 현금사용을 줄일 수도 있다. 하지만 카드 사용한도 때문에 직불카드로 지불하려면 십수 번씩 카드를 긁어야 한다.

당국이 엄격하게 금지하고 있지만 지하시장에서는 점점 남아프리카공화국 란드나 미국 달러 등 외화가 쓰이고 있다. 이들 외화는 400만 해외 거주 짐바브웨인(짐바브웨 인구 1,200만의 3분의 1의 수치)들로부터 송금된다. 이들 해외 동포들은 헐값이 된 모국의 자산들을 사들이고 있다. 외국의 약탈 자본들도 호시탐탐 짐바브웨의 자산을 노리고 있다.

짐바브웨는 다른 아프리카 나라들과 달리 워낙 급속도로 경제가 파탄되어서 더욱 충격이다. 나이지리아아 자이르는 30년에 걸쳐 경제가 망가졌다. 자이르에서는 자동차를 본 적이 있는 사람은 노인들뿐이다. 짐바브웨는 반대로 그동안 튼튼히 성장해왔다. 교육 수준은 아프리카에서 가장 높았다. 짐바브웨의 물가상승률은 현재 공식적으로는 파악이 불가능한 상태에 빠져 있다.

1980년 로디지아(Rhodesia)로부터 독립할 때만 해도 짐바브웨는 아프리카에서 아주 수준 높은 나라였다. 당시 무가베는 인종화합정책을 펼쳐 서방국가들로부터 찬사를 받기도 하였고 의료 수준이 높아 평균 수명이 60세로 아프리카에서 최장수국가에 속하였다. 경제도 농산물 수출 등으로 형편이 좋았다. 2000년대 들어 백인 농장들을 몰수하면서 몰락의 길을 걸었고 지금 짐바브웨 국민들의 평균수명은 35세로 감소했다.

08 세계화와 인플레이션

국제유가의 급등에 따라서 2005년 9월 G7 국가들의 평균 물가상승률은 3.2%를 기록했다. 이는 13년 만에 최고치였다. 또한 2005년 미국 기업의 임금은 전년 대비 4.2% 상승했으며, 이는 최근 들어 가장 높은 수치였다. 이처럼 G7 국가들에서 유가와 임금이 크게 상승하면서 높은 물가상승률이 예상되었지만, 유가와 식료품가격이 제외되는 근원인플레이션은 낮은 수치를 유지했다. 그 이유는 무엇이었을까?

모건 스탠리(Morgan Stanley)의 이코노미스트인 로우치(S. Roach)에 따르면 최근 들어 G7 국가들의 인플레이션이 국내요인보다 세계화 등 국제적 요인의 영향을 더 많이 받고 있다고 한다. G7 국가들에서는 인플레이션과 임금 간의 상관관계가 지속적으로 감소하고 있다. 이는 값싼 노동력을 앞세운 중국, 인도 등 개발도상국들의 등장으로 선진국 노동자들의 협상력이 떨어지고 있기 때문인 것으로 보인다. 이는 물가수준이 상승하더라도 종전처럼 물가상승에 따른 생활비인상을 이유로 노동자들이 임금인상을 요구하기 힘들어졌기 때문이다. 또한 세계화로 인한 국제 간의 경쟁심화로 기업들이 임금인상을 제품가격에 전가하는 대신

---

* 이 글은, The Economist, "A Foreign Affair," 2005.10.20. (정운찬·김영식, *거시경제론 8판*, 율곡출판사. pp.274~275에서 재인용.) 와 LG경제연구원, "국제 농산물 가격 상승의 원인과 전망", *Economy Analysis*, 2008. 4를 참조함.

이윤을 줄이는 쪽을 선택하고 있다. 즉, 노동이든 에너지든 비용상승 압력에 대해 예전과 같이 기업이 가격을 쉽게 올릴 수 없게 되었고, 그 결과 생산비용 상승이 경제 전체의 인플레이션 상승으로 이어지지 않고 있다.

따라서 세계화를 무시한 채 각 기업들이 생산비용에 일정한 이윤을 덧붙여서 판매가격을 결정한다고 보는 기존의 전통적 인플레이션 모형은 더 이상 현실을 잘 설명할 수 없게 되었다. 이제 기업의 가격결정 능력은 전 세계적 경쟁에 의해 제한을 받을 수밖에 없게 되었기 때문이다. 이에 각국의 중앙은행들은 미래 인플레이션을 예측하기 위해서 실업률과 같은 국내요인보다는 세계시장의 수요와 공급 변화를 더 관심있게 지켜보게 되었다. 실제로 1990년 이후 영국을 제외한 주요 선진국들의 근원 인플레이션은 자국에서 발생되는 잠재적 생산능력을 초과하는 총수요 변화의 영향을 덜 받기 시작한 것으로 나타났다.

그러나 중국 등 개발도상국들의 등장이 앞으로도 전 세계의 물가상승률을 계속 낮게 유지하지 못할 것으로 보는 견해가 많다. 이들 국가들의 원유 및 원자재에 대한 수요증가와 환율의 고평가, 국내수요 증가 등이 물가상승률을 다시 증가시킬 수 있기 때문이다.

개발도상국들의 고성장으로 인해 매장량과 생산능력 확대에 한계가 있는 각종 자원의 수급 문제가 악화되는 부작용이 점차 커지고 있는 것이 사실이며, 이것이 전반적인 인플레이션 압력을 고조시키고 있다. 또한 개발도상국들의 고성장으로 인한 수요 확대가 달러화 불안과 맞물리면서 원유뿐만 아니라 동, 철강 등 각종 원자재의 동반 가격 상승세로 이어지고 있다. 그리고 생산과정에서 석유 의존도가 높은 농산물의 가격이 고유가 충격과 미국의 농산물을 이용한 에탄올 연료 증산 정책 등으로 인해 급등하고 있어 1인당 소득 수준이 낮고 식품 소비 비중이 높은 개도국에서 물가 상승 압력이 더욱 커지고 있는 실정이다.

이같이 원유, 원자재와 함께 농산물 가격이 급등하면서 장래에는 세계화로 인해 인플레이션이 더욱 심화되는 것이 아닌가 하는 우려를 확대시키고 있다. 농산물의 경우 원유 등과는 달리 오랜 기간 동안 가격이 하향 안정 추세를 보여 오다가 2006년 하반기부터 세계 주요 곡물 가격의 빠른 상승 추세가 나타나고 있다. 이는 농산물 수출국들이 자국 식량의 안정적 확보를 위한 무역 규제, 달러화 약세 등으로 원자재에 대한 투자자본의 유입 등 단기적 요인들이 크게 영향을 미치고 있다. 그러나 근본적인 원인은 중장기 수급 측면에서 찾아볼 수 있다. 중국, 인도 등 거대한 인구를 보유한 국가들이 고성장을 지속하면서 농산물 수요를 꾸준히 늘려가는 가운데, 러시아, 동유럽 등 동구권 경제가 점차 안정되고 농산물 거래가 활발해지면서 점차 수요가 빠르게 확대되고 있다. 또한 2000년내 들어서는 그 동안 저성장에 머물던 아프리카, 중남미 지역의 수요도 지속적으로 확대되고 있다.

농산물 가격의 상승은 개도국 근로자의 임금상승으로 이어져 개도국으로부터의 글로벌 인플레이션 압력을 증대시키는 요인으로 작용하게 될 것이 우려되고 있다. 세계화에 따른 인플레이션 압력의 확대가 세계 경제 성장의 제약요인이 되는 가운데 세계 경제에서 원유, 금속원자재, 농산물 등의 일차산품 생산국이 세계의 인플레이션에 미치는 영향력은 과거에 비해서 한층 높아질 것이 분명하다.

09 글로벌 인플레이션의 안정

세계경제가 평균 5% 내외의 고성장을 지속하면서 소비자물가는 3~4% 내외의 상승에 그치는 등 세계경제는 2000년대 대부분의 기간동안 물가안정 속에서 높은 성장이 지속되는 장기호황 국면을 지속할 수 있었다. 이런 글로벌 인플레이션의 안정을 가져왔던 주된 요인으로 세계경제의 글로벌화, IT부문의 높은 생산성 향상 등을 들 수 있다. 여기에 통화정책의 신뢰성 향상도 낮은 물가상승을 유지할 수 있었던 요인으로 지적되고 있다. 이를 좀더 자세히 설명해 보자.

첫째, 1990년대 이래 가속되어온 세계경제의 글로벌화이다. 개도국의 경우 선진국으로부터의 자본재 수입이나 직접투자 확대 등을 통해 높은 수준의 기술이 체화된 자본이 유입되면서 이를 값싼 노동력과 결합하여 생산성을 빠르게 끌어올렸다. 결국 글로벌화에 따른 선진기술의 모방이 빠르게 이루어지고 있다는 것인데 현재는 중국이라는 거대국가가 모방에 따른 생산성 향상의 효과를 향유함으로써 과거 우리나라 등 소규모 국가의 고성장기에 비해 세계경제에 미치는 영향이 훨씬 크게 나타나고 있다.

---

* 이 글은, LG 경제연구원, "글로벌 인플레이션, 세계경제 발목 잡나?", *Economy Analysis*, 2007를 참조함.

선진국에서도 개도국의 저렴한 노동력이 체화된 제품의 유입으로 물가상승 압력이 낮아지고, 생산성이 높아지는 효과를 향유하고 있다. 개도국의 저가소비재 유입으로 근로자들의 실질구매력이 높아지면서 임금상승 압력이 낮아지고, 저가의 중간재 공급으로 기업들의 비용부담이 낮아지면서 최종재 가격이 안정된 모습을 보였다. 더욱이 선진국 노동집약적 산업의 경쟁력 약화로 노동에 대한 수요가 둔화되는 점도 임금상승 압력을 낮추는 요인이 되었다.

둘째, IT혁명은 IT분야의 가격 하락과 함께 전반적인 산업의 생산성 향상에 기여하여 물가를 안정시킨 요인이 되었다. 1990년대 중반 이후 가속화되기 시작한 IT혁명은 중장기적인 추세가 되어 지속적으로 진행되고 있다.

세계적으로 전체 생산에서 차지하는 비중이 빠르게 높아지고 있는 IT부문은 직접적으로는 자체 제조업부문 기술의 빠른 성장을 통해 경제의 평균 생산성을 높이는 역할을 해 왔다. 이는 반도체 등 전자부품과 PC, 최근에는 디지털가전의 빠른 가격 하락추세에서도 살펴볼 수 있다. 특히 개도국의 IT제조업 특화에 따른 빠른 생산성 향상은 수출단가 하락을 통해 생산성 향상의 효과가 선진국의 비용절감으로 전가되면서 세계 전체의 고성장에 기여한 것으로 평가된다. 중장기적으로 IT기술은 다른 부문에 침투, 효율성을 높임으로써 역시 생산성 향상에 기여하고 있는 것으로 평가된다.

셋째, 각국 정부의 통화정책 신뢰도 향상도 물가안정에 기여한 요인으로 지적된다. 과거에는 재정 및 금융정책을 통해 경기를 조절하는 재량적 수요관리정책이 강도 높게 시행되었으나 경기상황에 대한 판단 착오나 정책효과 발생의 시차문제 등으로 물가압력을 제대로 조절하지 못한 측면이 있었다.

그러나 1980년대 후반 이후 주요 선진국들은 이러한 케인즈학파의 경기조절정책을 완화하고 중장기적인 인프라 건설이나 산업진흥, 교육확충, 규제완화 등에 초점을 맞추었다. 대신 불황기에는 실업보험이나 근로자 교육투자 등의 자동적인 재정지출을 강조했으며 금융정책을 탄력적으로 운영하면서 경기의 추락을 억제했다. 특히 선진국을 중심으로 강력한 인플레이션 타게팅, 선제적인(preemptive) 금리정책이 경제 주체들의 인플레 기대를 크게 약화시킨 것으로 평가된다.

향후 글로벌 물가안정 추세가 중장기적으로 지속될 것인가의 여부는 위에서 언급했던 구조적 요인들의 추이에 따라 결정된다고 볼 수 있다. 우선 IT부문의 생산성 향상 효과는 당분간 지속될 것으로 전망된다. IT기술의 빠른 진보에 비해 아직 IT화에 따른 다른 부문의 생산성 혁신은 시작단계라고 볼 수 있다. IT부문 자체의 빠른 생산성 향상이 당분간 지속될 것으로 보이는 데다 노동이나 기타 제품을 IT제품이 대체하는 비중이 점차 확대되면서 생산성 개선효과가 지속될 전망이다. 또한 IT화의 진전이 과거 제조업중심에서 점차 서비스업으로 파급됨에 따라 물가를 안정시키는 경로가 더욱 다양해질 것으로 예상되고 있다.

글로벌화에 따른 생산성 향상효과도 당분간 지속될 전망이다. 중국 등이 빠르게 성장하면서 선진국과의 기술격차를 줄이고 있어 모방에 따른 생산성 향상의 여지가 줄어들고 있지만 아직은 절대적 격차가 크다고 볼 수 있다. 더욱이 중국보다 소득이 낮은 인도나 기타 저소득국의 발전가능성을 고려할 때 이들 국가가 선진국 자본을 이용해 생산성을 빠르게 높일 여지는 아직 크다고 할 수 있다.

10 변화하는 인플레이션의 특성

최근 해외에서 연구된 결과에 따르면 세계 각국의 인플레이션은 과거와는 다른 변화된 몇 가지 특징들을 보여주고 있다.* 지속기간의 단축, 기대인플레이션의 영향력 약화, 환율과 유가의 영향력 약화 등이 그것들이다.

첫째, 일반적으로 한번 인플레이션이 발생되면 이것이 소멸되기까지는 오랜 기간이 걸렸다. 그러나 1980년대 이후 인플레이션의 지속기간이 꾸준하게 감소하고 있다는 것이다. 이는 인플레이션이 발생되더라도 단기간에 걸쳐 일회성 물가상승에 그치고 마는 경향이 강해짐을 의미한다. 이는 기업들 간의 경쟁이 종전보다 심화되면서 가격을 종전보다 더 빈번하게 조정할 수밖에 없는 상황에 따른 것으로 설명된다. 이같이 인플레이션의 지속기간이 단축된다는 의미는 국제유가나 내수확대 등으로 경제여건이 변하면 이에 따라서 물가변동도 종전에 비해서 더 민감하게 변한다는 것을 말한다. 즉 과거 같으면 가격변화 없이 대신 생산량을 조절함으로써 기업들이 경제환경 변화에 대응하는 방식이 변하여, 가격을 자주 변화시킴으로써 생산량을 조절할 필요성이 그만큼 줄었음을 의미한

---

* 박형근·박정민, "인플레이션 연구의 최근 흐름과 시사점", 한은조사연구 2007-38, 한국은행, 2007. 참조

다. 이는 경기변동의 폭이 종전에 비해서 짧고, 경기변동의 진폭도 더 작아지고 있음을 의미한다.

둘째, 각국의 통화당국이 물가안정을 위해서 보다 적극적인 통화정책을 시행함에 따라서 1990년대 이후 기업과 가계 등 경제주체들의 기대인플레이션이 빠른 속도로 안정되고 있다. 이는 정부가 경기부양정책을 통해서 경제의 총수요를 증가시켜도 인플레이션이 종전에 비해서 적게 나타남을 의미한다.* 이는 정부의 경기부양정책으로 인플레이션이 심각해질 가능성이 그만큼 낮아졌다는 것을 의미하는 동시에 한번 인플레이션이 발생되면 이를 진정시키기 위한 물가안정화정책의 효과도 그만큼 적어졌음을 의미한다. 그래서 이는 중앙은행이 종전에 비해서 물가안정에 대해서 더 적극적인 관심을 기울여함을 의미한다.

셋째, 환율이나 유가의 변화가 인플레이션에 미치는 영향력이 점점 축소되고 있다. 우선 환율이 물가에 주는 영향은 2단계를 거치게 된다. 먼저 환율의 변화가 수입물가에 영향을 주는 1단계가 있다. 그 후 수입물가가 소비자물가에 영향을 주는 2단계가 있다. 특히 2단계에 의한 환율의 인플레이션 영향력이 크게 준 것으로 분석되고 있다.** 이같이 환율변동과 인플레이션 간의 관계가 약화된 이유로는 세계화에 따른 경쟁의 격화, 거래투명성의 증가, 인플레이션 기대심리의 안정 등이 제시되고 있다.

또 국제유가의 인플레이션에 대한 영향력은 대부분의 국가들에서 원

---

* 이는 필립스곡선의 기울기가 종전에 비해서 더 완만해지고 있음을 의미한다.
** 앞의 글

유의존도가 낮아짐에 따라서 상당히 약화된 것으로 조사되었다. 특히 미국의 경우는 1980년 이후 연방준비은행이 적극적인 물가안정정책을 추구함에 따라서 오일쇼크와 같은 외생적 충격에 대한 물가반응도가 크게 낮아졌다는 연구결과 등이 존재한다. 또한 중앙은행이 독립적이고 자국 국민들에게 물가안정에 대한 신뢰도가 높을수록 오일쇼크와 같은 외생적 충격에도 불구하고 물가가 안정되는 모습을 나타낸다는 연구결과도 있다. 그러나 일부 연구에 의하면, 원유의존도가 높은 국가들에서는 국제유가의 인플레이션 영향력이 크다는 보고가 있다. 한국, 싱가포르, 일본, 말레이시아, 태국, 필리핀 등이 이런 국가들에 해당된다.

앞에서 본 인플레이션의 변화된 특성은 결국 각국의 중앙은행들이 1980년대 이후 물가안정을 위해 적극적인 노력을 기울여온 결과로 해석된다. 이같은 성공적인 통화정책으로 민간경제주체들의 물가오름세심리가 크게 안정되면서 인플레이션의 행태가 변화했기 때문이다. 유감스럽게도 우리나라에서는 이와 관련된 연구들이 많지 않지만, 우리나라의 인플레이션 역시 다른 나라들과 비슷한 변화가 나타나고 있을 것으로 추측된다.

우리나라의 경우에도 1997년 IMF외환위기 이후 통화정책에서 중요한 변화들이 있었다. 한국은행의 독립성과 책임성이 높아졌으며, 물가안정목표제가 시행되었다. 또한 금리중시의 통화정책이 이루어지면서 통화정책 방향을 발표하고 금융통화위원회의 금리정책결정 의사록을 사후에 공표함으로써 통화정책의 투명성을 높이는 방식으로 한국은행에 대한 통화정책의 신뢰도를 제고하기 위해 적극적인 노력을 하고 있다.

11 애그플레이션

애그플레이션은 농업(Agriculture)과 인플레이션(Inflation)이라는 용어를 합성한 단어로 곡물가격 상승이 식료품비를 포함한 경제 전반의 물가상승으로 이어지는 현상을 표현한 것이다.

곡물은 가격이 오르더라도 즉시 수요를 줄이거나 공급을 확대하여 대처할 수 없는 상품으로 경제학 용어로 표현하면 가격 비탄력적 상품이다. 쌀값이 두 배가 되었다고 밥을 반만 먹을 수 없고, 즉각적인 경작지 확대나 투자를 통한 생산량의 증가가 쉽지 않다. 이러다 보니 곡물가격의 상승은 일정기간 높은 가격이 유지될 수밖에 없고 따라서 식료품비의 지출비중이 큰 저소득국가의 국민과 여타 국가의 서민들은 커다란 고통을 겪게 된다. 곡물은 인류의 주식이며 다양한 식품의 원료 및 가축사료로까지 사용되고 있어 곡물가격 급등은 경제주체들의 기대인플레이션을 자극하고 근로자들의 임금인상 요구로 이어질 수 있다. 이로 인해서 일반 물가수준을 지속적으로 상승시키는 인플레이션으로 발전될 가능성이 크다.

애그플레이션의 원인은 수요측면에서 보면 중국, 인도 등 개발도상국의 경제발전이 식품수요의 증가를 촉발하여 곡물가격을 상승시키고 있다는 점에서 찾을 수 있다. 특히 이 중 육류소비의 증가는 단순히 곡물만 먹는 것에 비해 곡물의 수요를 급증시키는 효과를 나타낸다. 인류는 곡물을 소 등 가축에게 먹여 그 고기를 다시 먹게 되는데 단순히 곡물 자체를 먹는 것에 비하여 훨씬 더 많은 곡물을 소비시키게 되어 수요증가를 더 촉발시키기 때문이다. 아울러 최근 들어서는 옥수수 등을 가공한 바이오 연료개발에 많은 나라들이 참여하고 있어 이러한 용도로의 곡물 사용도 수요증가를 확대시키고 있다.* 수요-공급의 원칙에 의해서 이 같은 수요증가는 곧 곡물가격의 상승으로 귀결되고 있다.

공급측면에서 보면 전 세계적인 도시화, 사막화, 온난화로 인한 저지대 경작지의 감소 등으로 재배면적이 줄었다는 것이다.** 이 외에도 호주 등에 기상이변으로 곡물생산량이 감소하여 공급량도 감소하였고, 자원민족주의의 강화 및 자국의 식품가격 안정을 위해 곡물 수출을 통제하는 국가가 늘어나 국제 곡물시장에서의 공급량이 감소하고 있다. 또한 바이오연료로 사용되는 곡물의 재배면적이 늘어나면서 쌀 등 식용목적 곡물의 재배면적이 감소하고 있어 공급량이 감소하고 있다. 이러한 여러 종류의 공급량 감소는 기존의 곡물 비축 재고물량을 소진시켜 향후 곡물파동이 일어날 것으로 예측됨에 따라서 곡물을 팔지 않는 경우가 늘어나고 있다. 이러한 공급량의 감소 또한 수요-공급의 원칙에 의해서 곡물가격 상승을 가져오는 중요한 요인이 되고 있다.

---

* 미국, 브라질 등 각국이 바이오 에너지 생산량을 지속적으로 늘리고 있는데, 이로 인해 이들의 직접원료가 되는 옥수수와 사탕수수 등이 종전보다 더 많이 필요해졌다. 그 결과 옥수수 값이 치솟게 되니, 다른 작물(대표적으로 콩, 밀, …)을 심을 곳에 옥수수를 심는 현상이 벌어졌다. 이것 때문에 콩을 비롯한 기타작물들의 재배면적이 적어지면서 생산량이 줄고, 옥수수를 비롯한 다른 작물들의 가격도 모두 동시에 급등하는 원인이 되기도 한다.

** 유엔식량농업기구(FAO)에 따르면 세계 곡물 재배면적은 2007년 6,847만ha로 1981년의 93% 수준으로 줄었다.

또 다른 경제적인 측면에서 보면, 2000년대 이후에 나타난 저금리시대가 유동성을 폭증시켜 국내에서는 부동산 가격을 폭등시켰듯이 세계적으로는 석유, 원자재, 곡물 등의 사재기가 벌어져 유가가 오르듯 곡물가격도 오르게 되었다. 또한 유가나 다른 원자재 가격상승은 곡물을 생산하기 위한 생산비를 올려 곡물을 생산하는 사람들이 이러한 비용 상승 때문에 곡물판매가격을 올리기 때문이기도 하다. 예를 들어 유가의 인상으로 인하여 직접적으로 곡물재배와 운송에 들어가는 비용이 올라서 농작물의 생산비 역시 오르기 때문에 자연히 곡물 등 농산물의 가격이 오르게 된다.

전문가들은 최근 국제 농산물 시장의 수급 상황을 고려할 때 애그플레이션이 일시적 현상에 그치지는 않을 것으로 보고 있다. 물론 농산물 가격이 그동안 많이 오른 데다 세계 경제가 악화되면 농산물 수요도 감소할 수 있다는 점에서 과거와 같은 급등세가 재연되지는 않을 가능성이 커졌다. 하지만 과거와 비교하면 여전히 높은 수준에서 농산물 가격이 움직일 것이란 게 전문가들의 중론이다.

애그플레이션은 지구촌의 여러 경제현상들이 유기적으로 연결되어 나타나고 있는 것으로 이의 해결을 위해서는 국제적 협력이 절실하다. 그러나 최근 곡물 수출국들이 수출 통제에 나서고 있어 곡물 수입국들을 긴장시키고 있다. 세계 5위의 곡물 수입국이며 쌀을 제외한 곡물자급률이 4.6%에 불과한 우리나라도 '식량안보'를 우려하는 목소리가 커지고 있으며* 정부도 해외 식량기지 확보 등 다양한 대책을 검토하고 있다.

---

* 한국의 곡물자급률은 28%로 선진국에 비해 식량안보에 취약성을 노출하고 있다. 1990년대 우루과이라운드(UR) 이후 식량자급률은 급격히 하락하여 2000년대 27~31% 수준을 유지하고 있

곡물가격의 상승은 다른 물가의 상승과 차원이 다르다. 이는 곧 생존의 문제와 직결되기 때문이다.

이런 상황에서 농산물 수출국들이 자국 내 식량 부족을 이유로 농산물 수출을 제한한다면 그 때는 '돈을 주고도 식량을 구하지 못하는' 최악의 사태가 일어날 수 있다. 결코 먼 미래의 일이 아니다. 중국은 이미 주요 곡물에 대해 수출 관세를 부과하면서 국가 차원에서 농산물 수출 규제에 나서고 있다. 원자바오 중국 총리는 "물가 상승을 억제하기 위해 식량 수출을 엄격히 통제하겠다."며 "공업용이든 식용이든 곡물 수출을 엄격히 규제할 것"이라고 밝혔다. 지금부터 대비하지 않으면 우리나라는 식량을 무기로 한 '자원 민족주의'의 희생양이 될지도 모른다.

을 뿐이다. 한국의 곡물자급률은 OECD 국가 중 3번째로 낮은 수준이다. 주요 곡물수출국인 호주(280%), 프랑스(191%), 캐나다(164%)는 물론이고, 공업국으로 알려진 독일과 스웨덴도 곡물자급률이 각각 126%, 120%로 100% 이상을 유지하고 있다. 주요 곡물 수출국들이 수출세를 도입하거나 수출량을 제한하는 경우에는 높은 가격을 주더라도 식량 확보가 어려워질 가능성이 높다. 식량안보가 위협받을 수 있는 부분이다.

12 인플레이션과 주가

2008년 봄 인플레이션 충격이 세계경제의 핫이슈로 떠오르고 있다. 유가, 원자재가격, 곡물가격 등이 급격한 상승세를 보이면서 글로벌경제를 위협하자 각국은 물가안정을 위해서 금리인상과 유동성 축소정책 등의 긴축정책을 준비하고 있다.

금리인하가 예상되던 유럽중앙은행(ECB)마저 금리인상을 검토할 지경에 이르렀다. 개발도상국 등은 물가안정에 더 적극적인 자세를 보이고 있다. 브라질, 러시아, 인도, 중국 등의 소위 BRICs 중에서 중국을 제외하고 모두 2008년 들어서 금리를 올리고 있다. 중국은 금리를 올리는 대신 지급준비율을 올려서 대처하고 있다.

인플레이션은 주가에 어떤 영향을 미칠까? 인플레이션에 강한 주식 종목은 어떤 것이 있을까?

통상적으로 인플레이션은 증시에는 악영향을 미치기 마련이다. 인플레이션을 잡기 위한 긴축정책으로 자금사정이 어려워지면 주식시장의 매수세가 줄면서 주가는 약세를 보이기 때문이다. 또 물가급등은 기업들의 생산성이 치솟는 원자재가격과 임금의 상승을 따라잡지 못하고 있음을 의미한다. 그만큼 기업들의 경쟁력이 취약하다는 의미로 받아들여

져서 주가는 하락세를 보인다.

2000년대 후반 원자재가격 급등은 투기적 자금이 대거 유입으로 촉발된 측면이 있지만 실수요의 급증도 중요한 요인임에 틀림없다. 신흥개발도상경제권의 고도성장정책이 필요한 원자재를 대량 흡수하면서 나타난 현상이기 때문이다. 이들 국가들이 인플레이션을 안정시키기 위해서 취해진 수요억제정책으로 성장기반이 훼손되고 주가하락이 나타날 수 있다.

그러나 인플레이션이 주가에 긍정적인 영향을 주는 경우도 있다. 기업들이 인플레이션으로 인한 가격상승분을 소비자나 다른 기업에게 전가시킬 수 있다면 이런 기업의 주가는 인플레이션으로 타격을 받지 않을 것이다. 이 경우 주식가격은 인플레이션에 영향을 받지 않게 된다. 오히려 인플레이션에 대한 방어기능으로 인해 다른 주식보다 더 인기가 높아서 주가가 상승할 수도 있다. 인플레이션 헷지(위험분산) 기능이 나타나는 것이다.

또 인플레이션에 강한 주식은 자산가치의 비중이 높은 기업의 주식이다. 인플레이션으로 화폐의 실질가치는 떨어지지만 실물자산의 가치는 상승하기 때문이다. 자산가치가 높은 종목은 어떤 것인가? 자산가치는 주가순자산비율(PBR)로 따진다. PBR이 낮을수록 자산가치에 비해 주가가 낮아 저평가됐다고 볼 수 있다. 주로 부동산을 많이 갖고 있는 기업들이 대표적이다.

인플레이션은 부채가 많은 기업에도 긍정적인 효과를 갖는다. 인플레이션은 통상 채무자에게는 유리하고, 채권자에게는 불리하기 때문이다. 인플레이션에 가장 취약한 업종이 은행업인 것도 이 때문이다. 은행의 주기능은 대출이기 때문이다. 물론 인건비의 비중이 높은 기업보다는 대규모 시설투자가 중요한 기업이 인플레이션에 유리하다. 이들 기업은 자산가치의 비중이 높기 때문이다. 이것이 중화학기업군이 경공업기업군에 비해서 인플레이션에 강한 주가움직임을 보이는 이유가 된다. 기계, 자동차, 조선 등의 업종이 특히 인플레이션에 강한 업종이라고 볼 수 있다.

인플레이션이 부동산 투기붐으로 연결될 경우, 부동산보유비중이 높은 건설업종과 대도시 주변에 공장부지가 많은 기업들의 주가도 인플레이션에 강한 기업군이다.

13 물가와 경기

일반적으로 물가가 적당히 완만한 속도로 오르는 것이 경기에는 좋다. 왜냐하면, 완만한 물가상승이 경제에 좋은 영향을 미치기 때문이다. 바꿔 말하면 급격한 물가상승은 경제전반에 걸쳐 결코 좋은 일이 아니다. 급격한 물가상승은 경기를 침체시키기 일쑤다.

예를 들어, 기업의 경우, 물가가 완만히 상승한다면 하루, 이틀 시간이 지남에 따라 이익이 증가하게 될 것이다. 기업은 남의 논을 빌려 원료도 사고, 기계설비도 사고, 노동력도 산다. 그래서 만든 물건을 판 금액으로 물건을 만드는 동안에 빌린 돈을 갚기 마련이다. 쉽게 말해 완만한 물가상승이 지속되면, 상품을 만들어서 팔면 자동적으로 이익이 생기는 구조가 만들어진다. 시간이 지날수록 생산비용보다 최종판매액이 늘어나는 구조가 만들어지기 때문이다. 그래서 완만한 물가상승은 대부분 기업의 이익으로 직결된다.

그래서 이익이 늘어나니까 생산이 늘어나고, 생산이 증가하니까 고용이 증가하고, 그러다 보니 실업률이 감소하면서 임금상승률은 올라갈 것이다. 왜냐하면 고용시장에 사람이 딸리니까 점점 몸값이 올라가기 때문이다. 그렇게 물가가 올라가면서 경제가 좋아지고 사람들의 씀씀이도 늘어나게 될 것이다. 정리하면 완만한 물가상승 → 기업의 이익증가 →

생산활동 증대 → 고용시장의 활황 → 실업률 감소의 연쇄반응이 일어나게 된다.

그러면, 물가와 금리의 관계는 어떻게 될까? 물가가 상승하면 결국 금리는 오르게 되어 있다. 왜일까? 급격한 물가상승은 경제전반에 악영향을 끼치기 때문에, 정부는 물가가 오를 기미가 보이면, 이를 진정시키기 위해서 고금리 정책을 펼치게 된다. 그렇기에 금리가 상승하면 시중에 풀려있던 자금들이 이자수익을 노리고 은행에 몰려들게 될 것이다. 따라서 그만큼 시중의 통화량이 줄어들기 때문에 물가가 뛰는 것을 어느 정도는 막을 수 있다. 또 다른 측면에서 보자면, 하루하루가 다르게 물가가 상승하게 되면, 소비자들은 물가가 더 오르기 전에 빨리 물건을 사두려고 할 것이다. 그래서 은행에서 돈을 빌려서라도 상품을 구입하려고 할 것이다. 따라서 돈을 빌리려는 사람이 많으니 수급의 논리에 의해서 금리는 오를 수밖에 없다.

그렇다면, 반대의 경우에는 어떨까? 물가가 계속 내린다면 어떻게 되겠는가? 언뜻 생각하면 가격이 싸지니까 서민들에게 좋을 것 같지만, 경제전반에 걸쳐 볼 때 물가상승보다 더 나쁜 것이 물가하락이 될 수 있다. 왜냐하면, 물가하락은 기업의 이익을 계속 감소시켜서 생산이 급격히 줄어들게 되고, 결국 경제는 파탄이 나게 될 것이기 때문이다. 그러면, 물가하락과 금리의 관계는 어떻게 될까? 물가가 계속 하락한다면, 소비자는 굳이 오늘 물건을 살 필요가 없을 것이다. 기다리면 기다릴수록 더 싼 값에 물건을 살 수 있으니 말이다. 따라서 소비자는 돈을 굴려서 더 큰 이자수익을 얻으려고 할 것이다. 그래서 은행으로 자금이 몰리게 된다. 그러면 은행에 예금이 늘어나니 결국 금리는 떨어지게 될 것이다. 역시 수급의 원리가 여기에도 적용된다.

　기업의 경우는, 물가가 하락하게 되면, 하루, 이틀 시간이 경과함에 따라 손해가 증가하게 된다. 그렇다면 하루라도 빨리 상품을 팔기 위해 생산원가에도 못 미치는 낮은 가격으로 판매를 할 수밖에 없고, 그렇다 보니 고용주 입장에서는 가능하면 공장을 돌리려고 하지 않게 될 것이다. 즉, 생산라인을 가동하지 않는 것이 돈을 버는 일이 될 것이기 때문이다. 따라서 기업은 굳이 은행돈을 빌어가면서까지 투자를 하고, 생산을 늘릴 필요가 없을 것이다. 그래서 공장이 돌지 않으니 생산이 줄고, 고용도 줄어들게 될 것이고, 이에 따라 해고 노동자가 증가하면서 실업률도 덩달아 올라가게 된다. 그러면서 고용시장에 사람이 남아도니까, 임금상승률도 하락하게 된다.

　결국 물가가 하락하면서 소비심리가 퇴조하게 되고 경제는 침체하게 될 것이다.

14 골디락스와 스태그플레이션

지난 1990년대 세계경제를 '골디락스'라고 부른다. 골디락스는 동화에 등장하는 한 소녀의 이름이다. 금발머리 소녀 골디락스는 어느 날 숲 속을 걷다 길을 잃고 곰 세 마리가 사는 집에 당도했는데 집 안에는 곰들이 끓여놓고 나간 세 가지 수프가 있었다. 뜨겁고, 차갑고, 적당한 온도의 세 수프 중 가장 마지막에 적당한 온도의 수프를 선택한 골디락스가 허기진 배를 채우고 기뻐했다는 동화 내용이다.

지난 1990년대 기간동안 세계는 낮은 물가와 탄탄한 경제성장으로 표현되는 골디락스 경제를 거치면서 '대 안정의 시기'를 경험했다. 이는 부동산, 실물, 주식, 채권 등의 가격이 꾸준히 상승하면서 시장참여자들 대부분이 수익을 내는 딱 먹기 좋은 수프가 제공됐던 것이다. 하지만 2000년대 후반부 들어 인플레이션(Inflation)과 경기침체 (Stagnation)가 동시에 나타나는 스태그플레이션(Stagflation)이 시장과 시장 참여자들에게 공포를 주고 있다.

인플레이션이란 '바람을 넣다', '부풀게 하다(inflate)'에서 유래된 말로, 옛날 소를 팔러 가는 상인들이 소금으로 절인 마른 풀을 미리 소에게 잔뜩 먹이고 물을 많이 먹게 하여, 소가 실제보다 더 살찌게 보임으로써 소를 비싸게 팔아먹는 것을 인플레이션이라 하였다.

2차 세계대전 이후 2000년 이전까지 세계적인 인플레이션이 두 번 있었다. 이들의 원인이 되었던 1차와 2차 오일쇼크는 중동지역의 정정불안으로 인한 유가급등과 같은 경제 외적인 공급측면에서 발발하였다는 점에서 현재의 상황과 다르다고 할 수 있다.

1차 오일쇼크로 1970년대 초반부터 중반까지 국제유가가 7배가량 폭등하면서, 대부분의 선진국 물가는 두 자릿수의 상승률을 기록하여 이 기간은 '하이퍼인플레이션(hyperinflation) 시대'라고 불린다. 이 당시 물가상승에 따른 임금상승으로 기업들의 실적부진이 나타나면서 주식과 부동산가격은 큰 폭으로 하락한 반면, 유가 등 실물자산의 가격은 급등한 후 인플레이션이 안정을 되찾으면서 급락세를 보였다.

2차 오일쇼크는 1979년부터 1981년 사이에 유가가 3.6배 상승하면서 발생했으며 1차 오일쇼크 때보다 선진국들의 물가는 더 올랐지만 주식, 부동산, 실물상품 등의 가격은 급락세를 보이지는 않았다.

그렇다면 2000년대 후반에 제기된 인플레이션은 유가 등 원자재 가격 앙등에서 촉발됐다는 점에서 과거와 비슷하다. 그러나 원자재가격상승의 원인은 석유 및 원자재의 공급능력에 비해 중국 등의 신흥공업국들의 원자재수요 급증이라는 초과수요 때문에 생겼다는 점에서 1, 2차 인플레이션과 차이가 있다고 볼 수 있다.

국제유가의 경우 급등세는 전 세계경제를 꽁꽁 얼려버릴 만큼 위력적이다. 2008년 2월 배럴당 86.78달러를 기록했던 서부 텍사스산 중질유(WTI)의 뉴욕선물거래소의 가격이 그해 6월에는 장중 140달러를 넘어서 불과 4개월여 만에 60% 상승하는 기염을 토했으며 그 추세는 좀처럼 수그러지지 않을 것으로 전망되었다. 또한 원유 이외에도 곡물 등 다른 원자재가격이 큰 폭으로 오르고 있는데다, 달러화 약세에 따른 달러가치 하락으로 인해서 인플레이션 위험을 헤지(방어)하고자 투기적인 수요가 몰리면서 원자재 상품가격이 급등했다.

이처럼 원유 및 원자재를 수입하여 가공한 후 수출을 하는 우리나라로서 국제원자재 가격상승은 경기 및 서민물가에 큰 영향을 미치게 마련이다. 2008년 소비자물가는 전년대비 4.7% 상승하여 한국은행에서 안정목표로 삼고 있는 3.5%을 크게 벗어났다.

2000년대 후반의 인플레이션은 미국 발 서브프라임 위기와 함께 세계경제에도 어두운 그림자를 드리웠다. 미국의 FRB는 서브프라임으로 인한 경기침체를 막기 위해 금리를 인하하면서 시중에 유동성을 공급하였고, 이는 궁극적으로 물가를 크게 위협하는 구조로 고착화돼 버린 것이다. 이는 다시 상차 가격상승이 확실해 보이는 원유와 곡물 등의 원자재 투기를 초래함으로써 물가상승을 부채질하는 악순환을 초래할 위험이 상존하고 있다.

이보다 더 이상 좋을 수 없다던 골디락스 경제의 시대는 가고, 모두가 두려워하는 스태그플레이션의 시대가 오고 있는 것이다.

15 인플레이션과 미국 달러화

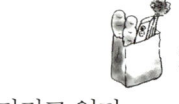2008년 겨울, 미국 달러화의 장래를 걱정하는 목소리가 커지고 있다.

아무도 위기에 미리 대비하지 못한 상태에서 아주 오랜 시간 뒤에 나타날 통화팽창에 의한 인플레이션 가능성 역시 방심했다가는 큰 코 다칠 수 있다는 것이다. 어쩌면 시간이 그리 오래 걸리지 않을 지도 모른다.

이미 미국은 과거 일본을 닮아가고 있다는 경고를 자주 듣고 있다. 과거 일본이 경제를 살리기 위해 돈을 쏟아 부었고, 물가가 떨어지던 상황과 비슷하다는 것이다. 그러나 더 큰 문제는 연방준비제도이사회(Fed) 역시 과거 일본처럼 금리를 공격적으로 인하하면서 너무 과도하게 통화를 풀고 있고, 앞으로도 상당한 달러를 찍어낼 수밖에 없는 구조라는 점이다.

안전자산 선호에 따른 달러 강세 역시 한낱 신기루에 그칠 수 있다. 세계 각국의 곳간들에 잠긴 엄청난 달러 자산이 달러를 지켜줄 것이라는 믿음 역시 마찬가지다. 달러의 운명을 논하는 상황에서는 통화팽창 자체가 문제가 되지 않을 수 있다. 풀린 통화의 상당부분이 은행으로 들어가고 있고, 이는 연준의 공개시장 정책을 통해 충분히 제어가 가능하다는 낙관론이 이를 뒷받침한다.

그러나 연준의 돈이 풀리는 만큼 실물로 흡수되지 못하는 상태에서 달러공급을 더욱 늘리면 달러 가치는 떨어질 수밖에 없다. 연준의 지원책이 가속화될 무렵부터 연준의 통화 공급은 급팽창했지만 총통화(M2)는 오히려 떨어지면서 유동성 기반이 제대로 보강되지 못하고 있다.

은행만 해도 연준에게서 대출받은 달러로 손실을 메우기에 급급한 상황이니 이는 어쩌면 당연한 결과이기도 하다. 이런 상황에서 미국 정부의 지원규모는 수년 간 지속적으로 늘어날 수밖에 없다.

버락 오바마 미대통령은 취임 전부터 대규모 경기부양 의지를 천명해 왔고, 미국 정부에 대한 미경제계의 자금 지원 요구도 좀처럼 잦아들지 않고 있기 때문이다. 이미 2009 회계연도 미국 국채발행 규모는 전년도 1조1,200억 달러 규모에서 2조 달러 대까지 늘어날 것으로 전망되었다.

따라서 당장은 디플레 우려로 통화속도가 떨어지고 있지만 장차 발생될 과잉 유동성이 완전히 제거되는 것이 불가능하다는 것을 감안하면 인플레 가능성 자체를 간과해서는 안 된다. 2008년 말 현재 달러 강세가 기술적인 요인이 강하다는 점도 기억해 둬야 한다.

달러가 오랜 약세에서 탈피한 것은 달러 약세로 수년간 수출이 가속화되고, 느린 국내총생산(GDP) 증가세가 수입을 줄여주면서 이에 따른 무역수지 개선이 펀더멘털 상으로 도움이 됐기 때문이기도 하다. 그러나 석유, 원자재, 농산물가격 등의 상품가격 급락 등으로 위험자산에 투자가 몰리면서 달러에 힘을 실어준 영향이 더 크다는 주장이다.

따라서 이 같은 달러화 강세 요인은 상품투자의 청산이 완료되는 시점에 가서 시들해질 가능성이 높다. 디플레 우려까지 겹치면서 상품가격 하락세가 어디서 멈출지 예측하기 어려워졌지만 이 같은 청산에 소요되는 기간은 향후 수개월 정도로 점쳐지는 분위기다. 2009년 상반기에 지금까지 진행되어 온 상품가격의 하락세가 진정될 것이라는 예측이 지배적이다.

사실 달러의 일시적 강세 가능성은 달러 자산을 대규모로 보유한 중국과 일본 등에겐 두려운 현실이지만, 한편으로는 미국을 시기해 온 그들이 은근히 바랐던 부분이기도 하다. 기축통화로서의 달러 위상은 지속적으로 의심받아왔지만 금융위기로 인해 미국에 대한 비판이 높아지고 신브레튼우즈 체제 출범이 적극적으로 제안되면서 극에 달하고 있다.

사실상 중국이나 중동국가들이 엄청난 달러자산을 보유하고 있기 때문에 달러가 쉽게 무너지기는 힘들 것으로 보인다. 그러나 최근 중국 씽크탱크인 사회과학원이 "달러 강세가 일시적인 만큼 중국이 더 이상 미국 국채를 사들이는 것은 자제해야 한다"고 조언하는 등 중국 내에서도 달러자산의 추가 보유 여부에 대한 논쟁에 불이 붙고 있다.

미국 국채와 공사채 가운데 38%에 달하는 4조달러 이상을 해외에서 보유하고 있는 것을 감안해도 미국이 으름장을 놓는 동시에 이들의 눈치를 봐야하는 상황에 처해있는 것은 분명하다.

유럽이나 중국과 같은 강대국들 뿐만 아니라 남미나 한국을 포함한 동아시아 국가들 사이에서도 금융위기를 계기로 그들만의 통화체제 구축 논의가 심심치 않게 진행되고 있다. 이는 달러가 마냥 웃고 있을 수만은 없는 궁극적인 이유이기도 하다.

16 일본엔화의 미래

국제외환시장에서 각국의 통화가치는 장기적으로 보면 다음과 같은 원리로 결정된다. 첫째, 고금리통화는 저금리통화에 비해서 고인플레이션 통화다. 둘째, 통화가치란 그 통화의 1단위로 구매할 수 있는 상품의 양, 즉 구매력을 의미한다. 셋째, 인플레이션이란 통화의 구매력이 감소하는 것을 의미한다. 따라서 이를 종합해 보면 다음과 같은 결론을 얻을 수 있다. 즉, 장기적으로 보면 고금리통화는 저금리통화에 비해서 그 시장가치가 하락하게 마련이다.

역사를 보면 쉽게 이해할 수 있다. 1980년대 전반은 달러 강세의 시대였다. 1979년 미국 카터 대통령이 달러방어책을 발표하면서 환율은 달러당 250엔 이상으로 치솟았다. 하지만 당시 미국은 전 세계적으로 달러 투자붐이 일어날 만큼 고금리 상황이었다. 1970년대 인플레이션을 수습하기 위해 돈줄을 조이는 정책을 실시해 미국 달러의 금리가 두 자릿수까지 치솟은 것이다. 달러 투자붐은 일시적으로 달러의 시장가치를 끌어올렸지만, 1985년 이른바 플라자합의에 의해 달러가치의 이같은 '오버슈트(overshoot)'는 결국에 정상수준으로 낮아지는 수순을 밟았다.

장기적인 추세를 보면 미국의 물가상승률은 일본의 물가상승률보다 높았다. 1980~2007년 미국의 물가상승률은 일본을 3%포인트 웃돌았다.

같은 기간 미국과 일본의 금리차(10년 만기 국채 기준) 역시 비슷한 3.3%포인트였다(미국채 7.5%, 일본국채 4.2%). 두 나라 간의 물가상승률 격차가 금리차에 고스란히 반영된 것이다. 결국 고금리의 달러가치가 떨어지고, 엔화 가치는 올라 달러 대비 엔화 환율이 평균 3% 하락했다.

만일 이 시기 일본 투자자가 고금리 때문에 미국채에 투자했다면 장기적으로 금리차로 번 이익을 환차손으로 고스란히 날려먹은 셈이다.

엔의 장래에 대해서는 다음 같은 엉터리 미신이 흘러 다니고 있다. '일본 경제가 장기 저성장이기 때문에 장기적으로 엔저低를 피할 수 없다'는 주장이 그것이다.

일본과 미국의 경제성장률을 비교해 보면 1990년까지 전체적으로 일본이 미국을 웃돌았다. 그런데 1990년대 이후 거품경제 붕괴와 디플레이션으로 인해 일본경제가 저성장 국면에 진입하면서 일본의 성장률이 미국을 밑노는 현상이 나타났다. 하시만 엔화 가치가 떨어시기는커녕 일본의 장기불황이 한창이던 1995년 사상 최고 수준을 기록했다. 미국보다 고성장을 유지한 호주, 한국, 싱가포르, 러시아, 인도, 멕시코의 통화가치가 장기적으로 미국 달러에 비해 하락한 점도 이런 주장에 대한 반론의 근거가 된다.

'일본 경제가 저성장 단계에 진입했기 때문에 장기적으로 엔저를 피할 수 없다'는 주장은 사실 일본 국민들의 가계 저축을 끌어들여 해외로 투자하기 위해 금융기관들이 퍼트린 주술일 뿐이다.

그럼 장래에 엔화가치는 어떻게 될 것인가? 현재 나타나고 있는 미국과 일본의 물가상승률 격차를 고려하면 10년 뒤 달러 당 70엔까지도 엔고가 진행될 수도 있을 것이다. 2008년 하반기 달러당 90엔 밑으로까지 하락한 현상은 '엔고의 정점' 이라기보다 '엔고의 시작'으로 보는 것이 옳다. 물론 그렇다고 엔화가 미국 달러를 누르고 세계의 기축통화가 될 가능성은 없다. 1995년의 엔고가 강한 일본을 반영한 것이 아니었던 것과 같다. 앞서 누누이 설명한 대로 통화의 가치는 통화의 구매력을 반영하는 것일 뿐, 국가 경제의 강약이나 성장가능성과 어떤 상관관계도 없다.

17 중국의 인플레이션

2007년 11월 중국의 연간 물가상승률이 6.9%에 달해 11년 이래 가장 높은 수치를 보였다. 식료품 가격은 전년 동월에 비해 18.2% 상승하였다. 특히 중국인이 가장 즐겨먹는 고기류인 돼지고기 가격은 54.9%가 상승하였고 식용유는 34% 상승하였다.

12월 들어 중국당국은 경기과열 현상을 막기 위해 화폐공급을 축소하기로 결정했다. 이와 함께 곡물과 석유의 국내소비를 증진시키기 위한 각종 세금 및 보조금 정책을 발표하였다.

물가상승의 원인은 다양하다. 전 세계적인 흉작, 유가급등, 돼지질병의 확산 등이 그 주요원인일 터이고 또한 중국의 막대한 무역흑자에 따른 자본유입도 물가상승에 한몫하고 있다는 분석이다. 중국당국은 2007년 들어서만 금리를 다섯 번 올렸고 은행의 지급준비율을 열 번 올렸다. 하지만 별로 효과가 없었다.

이에 따라 서민들의 생활고가 가중되고 있고 파업 등 사회적 소요로 나라가 시끄러운 실정이다. 얼마 전 관동에 위치한 Alco 전자에서는 수

---

* 이 글은 World Socialist Web Site에 올라온 2007년 12월 28일 "Carol Divjak의 Soaring inflation sparks social unrest in China" 라는 글을 요약 발췌한 것이다.

천 명의 노동자가 치솟는 식료품 가격에 항의하는 행진을 벌이는 등 저항이 잇따르고 있다. 또한 산둥지역이 한 정유회사에서는 4,000명 이상의 노동자들이 일주일 넘게 시위를 했는데, 이들의 주장은 석유산업 내에서 폭발적인 제품가격인상과 기록적인 수익증가에도 불구하고 자신들의 임금은 그대로인 상태라는 것이다. 모든 물가는 빠르게 오르고 있지만, 자신들의 수입은 아주 천천히 오르면서 생활고에 쪼들린 노동자들 사이에서 이 같은 시위가 촉발되고 있다. 2001년 기업민영화 과정에서 해고됐던 노동자들까지 합세하면서 시위는 그 기세를 더해가고 있다. 몇몇 시위자들은 정부 관리들의 부패척결과 기업 최고경영자의 축출까지 요구하고 있는 실정이다.

한편 물가폭등에 따른 비극적인 사건도 발생하고 있다. 2007년 11월 충칭에 위치한 대형할인점인 까르푸에서 있었던 세일행사에 엄청난 사람들이 모여드는 바람에 3명이 죽고 31명이 다치는 참변이 일어났다. 또 그해 10월에는 상하이의 한 슈퍼마켓에서도 5리터짜리 식용유를 $1.50 할인하는 행사장에 먼저 들어가려다 역시 15명이 부상당하는 사건도 있었다. 급기야 정부당국은 이들 업체들에 대해서 시간제한 할인행사를 금지하는 명령을 내리기까지 했다.

월스트리트저널은 2007년 12월 12일자 기사에서 이러한 광범위한 반정부 저항이 1989년에 발생한 천안문사태와 비슷한 양상을 보여 가기 시작함을 경고하고 있다. 이 신문은 한 은퇴한 노동자의 말을 인용하고 있는데 그는 최근 임금은 10% 오른 반면 물가는 50%가 올라 병원 갈 돈도 없다며 마오쩌둥 시대로 돌아가고 싶다고 호소하고 있다고 전했다.

중국공산당에게는 이러한 무정부적 사태에 대해 뾰족한 해결책이 없는 상황이다. 1980년대 집단농장 체제를 폐지한 이후 당국은 폭발적으로 늘어나는 도시인구의 수요에 대응할만한 효율적인 곡물 통제정책 수단을 갖지 못한 형편이다. 당국은 민영화된 회사로 하여금 물가상승에 상응하는 임금인상을 유도할 계획이지만, 현실은 결코 그렇게 만만하지 않을 것임은 분명하다.

중국 사회과학아카데미의 '기업 경쟁력'이라는 보고서에 따르면 1990년 중국 노동자의 임금은 GDP 대비 53.4%였으나 2005년에는 그 비율이 41.4%로 줄었다. 이 기간 동안 경제규모는 네 배 늘었다. 이에 비해서 대조적으로 이익배당은 동 기간 동안 21.9%에서 29.6%로 늘었다. "기업이윤의 상당수가 고용인의 저임금에서 얻어지고 있다고 말할 수 있다"라고 보고서는 인정했다.

중국노동자들이 인플레이션에 특별히 민감하게 반응할 수밖에 없는 이유는 1990년대 공공주택, 의료보장, 교육 및 연금 등 각종 사회주의적인 보호막이 붕괴되면서 체감적으로 느끼는 노동자들의 생활고가 한층 더 심해졌기 때문이다. 도시노동자들과 농촌의 빈곤층은 질병치료를 위해 혹은 갑작스런 비상재난에 과거보다 더 많은 돈을 지출하게 되면서 할 수 없이 기본적인 생필품에 대한 지출을 과거보다 더욱 줄일 수밖에 없는 처지에 놓여있다.

가격인상에 대한 이 같은 저항들은 중국에서 진행되고 있는 시장친화적인 경제체제개혁이 부자와 빈자 간에 놓인 커다란 계곡의 깊이를 더 깊게 만들고 있다는 또 다른 징표라고도 볼 수 있다.

18 고물가, 고금리, 고환율의 악순환

2008년 여름 인도, 베트남, 한국은 모두 거시경제정책에서 비슷한 고민에 빠졌다. 물가, 금리, 환율 사이의 악순환 고리에 빠진 것이다. 경기과열 또는 정부의 방만한 경제운용으로 경제는 상당기간 고성장을 지속시킬 수 있었다. 이 때 석유, 식량, 원자재 가격이 폭등하는 일이 벌어졌다. 이들 세 나라는 모두 주요원자재나 식량을 대량으로 수입해야 하는 나라들이다. 국제 원자재가격의 폭등은 이들 세 나라의 물가를 자극하기 시작했다. 정책당국은 물가를 인정시키기 위해서 금리를 인상하는 조치를 취해야만 했다. 물가가 오르고, 금리가 상승하면서 주식시장이 타격을 받았다. 오랜 기간의 고성장으로 사상 최고치를 갈아 치우며 연일 급등하던 주가는 장래의 비관적 전망이 대두되며 거침없던 상승세가 꺾이기 시작했다. 주식투자들이 더 이상 주가의 추가상승이 어렵다고 보자 주식투매에 나서기 시작했다. 투매가 투매를 부르는 주가폭락장세가 시작된 것이다.

연일 상승하던 주식시장으로 유입되던 외국자본의 유입이 멈추면서 자국 화폐가치는 하락하고 환율이 상승하기 시작했다. 환율의 상승은 외국자본의 국내유입을 억제할 뿐 아니라, 외국자본의 국외유출을 촉진하는 촉매제가 된다. 경제성장률의 침체, 주식가격의 하락, 외국자본의 유출이 이들 세 국가들의 경제전망을 더욱 어둡게 만든다. 더없이 좋았던 경제상황이 갑자기 더없이 비관적인 상황으로 돌변하는 것이다. 위기설이 나돌고, 국가부도 가능성이 여기저기서 들린다.

이런 비관적인 상황은 외국자본의 유출을 더욱 가속화시키고, 자국의 화폐가치는 연일 하락한다. 이 같은 환율의 상승은 수입물가상승을 더욱 가속화시킨다. 대규모 원자재수입이 절대적으로 필요한 이들 국가의 국내물가는 폭등을 하기 시작한다. 물가폭등을 막기 위해 외환당국은 외환시장에 개입해서 환율의 급등을 억제하려 한다. 외환보유고를 사용해서 환율방어에 나서는 것이다. 그러나 이 같은 외환개입을 통한 환율안정시도는 대부분 실패로 끝나고, 그 후유증은 외환보유고의 고갈로 나타난다. 이런 후유증이 외환시장을 더욱 불안하게 하면서 환율의 2단계 폭등을 초래한다. 환율의 폭등은 수입물가 폭등으로 나타나고 국내고물가를 초래한다. 고물가의 진정을 위한 고금리정책이 시도되지만, 이는 고부채의 기업과 가계를 더욱더 옥죄는 악순환으로 나타난다.

고물가, 고금리, 고환율이 서로 꼬리에 꼬리를 물고 이들 국가들의 경제를 위기로 몰아넣는다. 한국, 베트남, 인도는 모두 산업구조나 국민소득수준에서 상당한 격차가 있음에도 중요한 공통점 두 가지가 존재한다. 그것은 국내의 부존자원이 부족해서 경제성장에 필요한 자원을 해외에 크게 의존할 수밖에 없는 나라들이라는 점이다. 또한 경제성장을 위해서 외국자본에 자국의 금융시장을 개방함으로써 단기간에 걸친 외국자본의 급격한 유출에 취약한 경제구조를 지녔다는 점이다. 이들 국가들에 주어진 유일한 정책수단은 금리정책 뿐이다. 국내금리의 인하를 유도해서 경제성장을 촉진하고, 국내금리의 인상을 유도해서 국내물가의 안정을 도모하는 정책수단이 주어질 뿐이다. 해외부문에 발생되는 충격을 흡수하는 방법은 국내금리의 조절뿐이다. 그러나 금리를 항시적으로 무한히 조절할 수도 없으므로 해외부문으로부터의 미세한 충격은 외환보유고를 활용해서 조절할 수밖에 없을 것이다.

그러나 이들 세 나라는 모두 급격한 환율변동을 억제하기 위해서 외환보유고를 이용한 외환개입을 시도했지만, 모두 실패한 경험을 갖고 있다. 외환개입의 실패와 함께 후유증으로 남겨진 외환보유고의 급격한 감소는 국제적 투기자본의 공격을 불러들일 개연성이 아주 높다. 해외 원자재 가격폭등으로 시작된 국내물가불안은 인위적인 환율조작으로 다스려질 수도 없으며 다스려져서도 안 된다는 교훈을 이들 세 국가의 경험에서 얻을 수 있다.

그렇다면 자원의 해외의존도가 지나치게 높은 국가들의 경제운용 대비책은 무얼까? 너무 당연한 이야기 같지만, 자국의 경제적 능력을 넘어서는 무리하지 않는 신중한 경제운용과 자국민의 항시적인 근검절약만이 유일하면서도 가장 확실한 대비책이 아닐까?

19 인플레이션이론의 발전

일반적으로 인플레이션(inflation)이란 지속적인 물가상승 혹은 계속적인 화폐가치의 하락과정으로 정의된다. 프리드만(M. Friedman)은 통화주의 입장에서 인플레이션의 원인을 보다 일반화하여 '인플레이션은 항상 그리고 어디서나 통화적 현상이다. 그리고 산출량에서보다 통화량의 급속한 증가에 의해서 야기될 수 있다.'고 정의하였다.

인플레이션은 자본주의적 경제체제가 확립된 이래 주기적으로 반복되던 경제현상이었기 때문에 많은 학자들의 주요한 관심사항 중의 하나였다. 그러나 초기에는 그 파급효과가 크지 않았고 일국 내에 국한된 경제현상에 지나지 않았다. 그러나 세계경제 체제가 확립된 이후 인플레이션 현상이 전 세계적으로 가시화되면서 1960년대 후반 이후 경제학자들의 관심이 본격화되기 시작했다. 더욱이 일반적으로 인플레이션은 경제활황기에 발생하는 현상으로만 파악되던 기존의 관점이 바뀌었다. 1973년 1차 석유파동에 따른 장기불황에서도 물가상승이 지속되는 스태그플레이션(stagflation)이 이어지면서 인플레이션의 원인분석에 대한 경제적인 연구가 집중되었다.

---

* 이 글은, *경제학대사전 3판*, 박영사.를 참조함.

인플레이션에 관한 이론은 많은 학자들에 의해 발전되어 왔는데 그 중에서도 브로페브리너(Bronfenbrenner)와 홀츠만(Holzman)*은 인플레이션을 (1)인플레이션이라 일반적인 초과수요 상태를 말한다. (2)인플레이션이란 총화폐잔고 혹은 1인당 화폐잔고의 증가나 명목소득만의 증가를 의미할 수도 있다. (3)인플레이션이란 상품시장의 초과수요나 통화공급 변동 이외의 어떤 추가적인 특성이나 조건을 가진 물가수준의 상승으로 정의될 수 있다. (4)인플레이션은 환율의 상승, 금의 초과수요, 금가격에 의해서 평가된 화폐의 대외가치 하락을 의미하기도 한다 등으로 몇 가지 유형으로 구별하였다. 이 밖에도 여러 학자들이 인플레이션 분류방식을 제시한 바에 따르면 인플레이션은 시장메커니즘의 작동방식, 물가상승률 정도, 예측가능성, 발생원인 등 여러 기준에 따라서 다양한 유형으로 분류될 수도 있다.

인플레이션이론은 1960년대까지만 해도 신고전학파의 이론이 중심이 되어 수요견인설(demand-pull inflation theory)과 비용인상설(cost-push inflation)을 위주로 발전되어 왔으며, 그 후 신케인즈학파 및 통화주의, 기대학파에 의해 계승, 발전되어 왔다.

수요견인 인플레이션이란 수요가 과도하게 많아져서 생기는 인플레이션으로 이 경우 화폐량 증대, 소비, 투자, 정부지출, 수출 등 유효수요의 증대가 초과수요의 원인이 된다. 수요견인 인플레이션이론은 총수요 증대에 따른 물가상승을 예측할 수 없는 고정된 기대형성 하에서의 인플레이션을 말하며, 물가상승에 대한 예측이 가능한 경우 물가는 더욱

---

* Bronfenbrenner, M. and Holzman, F. D., "A Survey of Inflation Theory," American Economic Review 6(4), August 1963. 참조.

상승하게 된다. 이러한 입장은 고전적인 인플레이션 발생원인을 규명하는데 많은 도움을 준다. 반면에 1970년대 석유파동이 발발하면서 이러한 수요견인 인플레이션으로 인플레이션의 원인을 규명하기가 매우 어려워지기 시작했다. 이에 따라 새롭게 제기된 이론이 비용상승 인플레이션이론이다. 비용상승 인플레이션이란 물가상승의 원인이 임금률이나 이윤율의 인상, 수입원료가격의 상승, 감가상각의 증대, 이자율상승 등과 같은 비용측면에서 기인하는 인플레이션을 말한다. 비용상승에 따른 생산비 증가로 총공급이 감소하면 물가가 상승하게 된다. 비용상승 인플레이션 하에서는 수요견인인플레이션과 달리 물가상승과 함께 생산 및 고용이 축소되므로, 경제정책을 실시하는데 있어서 어느 변수를 안정시켜야 할지 딜레마에 빠지기 쉽다.

이후 전통적인 의미의 인플레이션과는 상이한 인플레이션이론이 프리드만(M. Friedman)이라는 경제학자에 의해서 제시되었다. 그는 일반물가수준의 상승이 지속적인 한에 있어 이것은 화폐적 현상임을 설명하고 있다.[*] 즉 지속적인 물가상승으로서의 인플레이션은 지속적인 통화공급에 의해서 발생한다. 그가 속한 통화주의(Monetarism)자들은 통화팽창은 단기적으로 생산 및 고용을 증대시킬 수는 있지만, 장기적으로 물가만 상승시키고 실질변수에는 영향을 미치지 못한다고 믿는다. 즉 명목통화증가율이 상승하면 물가상승률도 증가하므로 장기적으로 인플레이션을 불러온다고 보았다. 따라서 정부의 재량에 의한 불안정한 금융정책의 운용으로부터 인플레이션이 유발된다고 주장한다. 즉 고용과 생산을 변화시키기 위해 통화공급량을 신축적으로 변동시킨다면, 이는 장

---

[*] Friedman, M., "The Role of Monetary Policy," American Economic Review 58(1), 1968 참조.

기적으로 물가를 불안정하게 만들므로 통화증가율은 장기경제성장률에 준하여 일관성 있고 안정되게 운영하는 것이 물가안정의 기본임을 강조했다. 요컨대 프리드만 등의 통화주의자들은 인플레이션이 순전히 화폐현상이라고 보았던 것이다.

20 통화론자의 인플레이션이론

통화론자(Monetarist)들과 케인지안(Keynesian)들은 인플레이션을 보는 시각에 차이가 있다.*

기본적으로 인플레이션이 발생되는 원인에 대한 접근방식에는 두 가지가 있다. 하나는 수요견인(demand-pull) 인플레이션이론이고, 다른 하나는 비용상승(cost-push) 인플레이션이론이다. 통화론자들은 전자만을 인정한다. 즉 그들은 인플레이션은 언제 어디서나 총수요가 총공급을 초과하기 때문이라고 보고, 이러한 현상은 화폐공급량의 과다 때문에 일어난다고 보았다. 따라서 이들은 "인플레이션이란 언제 어디에 있어서나 화폐적 현상이다(Inflation is always and everywhere a monetary phenomenon.)"라는 견해를 고수한다.

통화론자들은 비용상승에 의한 인플레이션을 부인한다. 그들은 단기적으로 혹 어떤 물가가 상승한다고 하더라도 그것은 화폐공급량의 증가가 수반되지 않는 이상, 전반적인 물가상승을 가져 올 수 없다고 본다. 그들은 명목가격과 상대가격을 명확히 구별한다. 통화론자들은 어

---

* 여기서 통화론자와 케인지안의 구분은 1960년대 말에서 1980년대 초반까지 거시경제현상을 두고 의견의 차이를 보였던 두 학파를 지칭한다.

떤 특정 산업에 존재하는 특수한 사건, 이를테면 독점의 대두, 노조의 강화 등은 물론 상대가격을 변화시키기도 한다. 그러나 이들은 명목가격을 변화시킬 수는 없다고 보며, 명목가격을 변화시키는 것으로는 오직 총수요의 변화가 있을 뿐이라는 견해를 가진다.

이에 비하여 케인지안들은 수요견인 인플레이션과 아울러 비용상승 인플레이션의 가능성도 인정한다. 특히 임금이 상승할 경우에는 비록 경제활동수준이 완전고용수준에 미달하는 경우에도 물가는 상승한다고 본다. 케인지안들은 임금상승률과 물가상승률을 거의 동일시한다.

케인즈 자신도 그의 저서 『일반이론』에서 몇 가지 인플레이션을 인정하였다. 첫째, 완전고용이 달성되고 있을 때에 총수요가 증가함으로써 일어나는 경우를 그는 진성인플레이션(true inflation)이라고 불렀다. 둘째, 총수요가 완전고용수준에 점차 접근하고 있을 때에는 비록 완전고용이 달성되기 전에도 여러 가지 생산요소의 공급에 병목현상(bottleneck)이 일어나서, 이것으로 말미암아 물가상승 현상이 일어날 수 있다고 보았다. 셋째, 고용상태 여하를 막론하고 임금이 상승할 때에는 전반적인 물가상승이 유발된다고 보았다.

통화론자들과 케인지안들 간에는 인플레이션정책에 대해서도 서로 상이한 견해가 존재한다.

통화론자들은 화폐정책의 수행에 있어서는 통화당국의 자유재량을 배제하고, 화폐공급에 대해서는 해마다 일정한 증가율을 유지하는 준칙(rule)을 설정하는 것이 바람직하다고 보고 있다. 화폐공급량의 증가율을 일정하게 유지하는 준칙을 마련한다는 것은 화폐정책의 효과가 발생하는 시차가 「길고 가변적」이기 때문에 재량적인 정책수행은 오히려 경제안정을 저해한다는 그들의 이론과 또 지난 날 미국통화당국의 업적은 성공보다는 실패한 예가 많았다는 그들의 관찰에 근거를 두고 있다.

이에 반하여 케인지안들은, 정책당국은 비록 경제현실에 대해서 잘 모르는 수가 있다고 하더라도 그래도 정책의 방향타를 포기할 수 없는 이상, 재량에 의한 화폐정책의 수행은 불가피하다고 주장한다. 뿐만 아니라, 경제에 대한 우리의 지식은 부단히 개선되고 있는 것이기 때문에, 화폐당국은 당연히 정책수행을 위하여 재량권을 행사할만한 이유가 있다고 본다.

통화론자와 케인지안 간에 인플레이션에 대한 견해와 정책의 차이는 근본적으로 경제와 사회의 본질에 대한 기본적인 인식의 차이에서 기인하는 것이 많다. 그 중 두 가지만 지적한다면 다음과 같다.[*] 첫째, 통화론자들은 실업문제보다도 인플레이션을 더 문제시하는 데 비하여, 케인지안들은 인플레이션보다는 실업을 더 죄악시한다. 둘째, 통화론자들은 경제활동에 대한 대부분의 정부개입을 유해시하는 데 비하여, 케인지안들은 정부개입의 필요성을 인정하는 경우가 많다.

---

* 조 순, 화폐금융론, 비봉출판사, 1987, pp.354~361 참조.

21 프랑스와 미국의 지폐남발

 프랑스 혁명 당시의 앗시니아(Assignats) 지폐의 남발에 의한 인플레이션은 인플레이션 역사상 매우 유명하다. 앗시니아지폐는 처음부터 순수한 지폐로서 발행된 것이 아니었다. 프랑스혁명이 한창일 때 혁명정부는 재정수입의 부족을 메꾸기 위해 1789년 12월 일종의 공채와 비슷한 형태로 5%의 이자를 붙여서 4억 루브르에 해당하는 지폐를 발행하였다. 이 지폐는 보통화폐와 같이 통용되지 않고 오직 토지의 구입에만 사용할 수 있었다. 이렇게 발행된 앗시니아 지폐는 5년간에 걸쳐 교회나 왕실로부터 몰수한 토지를 매각한 수입으로 상환되었다.

그 후 1790년 4월에는 두 번째로 앗시니아 지폐가 발행되었는데 이 때는 우리가 사용하는 화폐처럼 강제통용력이 주어졌다. 그리고 같은 해 9월의 세 번째 발행된 지폐부터는 이자를 붙이지 않게 되었다. 따라서 혁명정부가 발행하는 지폐는 이때부터 오늘날의 지폐와 같은 형태를 갖게 되었다. 이 지폐는 처음에는 그 가치가 안정되어 있었고 편의성 때문에 국민들로부터 크게 환영을 받았다.

그러나 정부는 혁명 후의 막대한 재정 지출을 보충하기 위해 이것을 가장 중요한 수입수단으로 이용하였다. 특히 1792년 영국과의 전쟁이 시작됨에 따라 발행액은 급증하였다. 또한 1793년에는 과거에 설정해 놓

앗던 발행한도도 철폐하여 버렸기 때문에 발행고는 해를 거듭할수록 격증하여 1794년 4월에 9억 루브르였던 발행고가 1794년 9월에는 455억 루브르에 달하였다.

이와같이 지폐가 남발된 결과 프랑스의 물가는 급격히 상승되는 추세를 보였으며 이와 함께 앗시니아 지폐의 가치는 현저하게 하락되었다. 1791년 11월에는 액면의 82%, 1792년 6월에는 액면의 75%, 1795년에는 액면의 0.3%로 하락하였다. 혁명정부는 그 가치를 유지하기 위해 1793년 이래 앗시니아 지폐의 수취를 거절하는 자는 엄벌에 처한다고 위협하였으나 그 효과는 거의 없었으며 앗시니아 지폐의 가치는 점점 더 하락하였다.

프랑스 정부는 이와 같이 혼란스러워진 화폐제도를 회복시키기 위한 정책으로 1796년 3월에 만다 테리트리오라는 새로운 지폐를 발행하였다. 앗시니아 지폐 30에 대하여 신지폐 1의 비율로 교환하도록 하였다. 신지폐는 국유토지를 담보로 하고 있있기 때문에 처음에는 요청이 있을 때는 지폐를 토지와 교환할 수 있는 권리가 주어졌다. 그러나 신지폐도 그 후 남발되었기 때문에 결국 앗시니아 지폐와 마찬가지로 가치가 폭락하였다. 마침내 1792년 2월에 유통되고 있던 지폐는 모두 폐지됨으로써 프랑스는 다시 금본위제로 되돌아오게 되었다. 그러나 예외적으로 만다 지폐는 세금의 지불에 이용되는 것에 한해서는 액면의 1%의 비율로 나라에서 받도록 법률로 정하였다.

미국도 역시 지폐남발의 역사를 갖고 있다. 그린 백(Green Backs)이 그것이다. 남북전쟁 시 미국에서 처음으로 발행된 정부지폐인데, 지폐의 뒷면 그림과 글씨가 초록색이어서 이런 이름으로 불렸다. 남북전쟁 이전 미국에서는 금·은화와 함께 은행권이 유통되고 있었다. 이 은행권은 주로 주법에 따라 그 종류도 수천 가지에 달하는 등 화폐제도는 혼란에 빠지게 되었다.

한편 1860년대 남북전쟁이 일어나자 미국정부는 통상의 재정수입으로는 전비를 비롯한 재정지출을 조달할 수 없게 되었다. 미국의회는 1862년 2월의 법령으로 정부에게 지폐발행권을 부여하였다. 이에 의거 정부는 총 4억 5,000만 달러의 그린 백을 발행하였다. 그러나 전쟁으로 물가상승이 계속되자 지폐표시 물가는 1864년에는 1860년의 2배가 되었고, 그린 백 지폐의 1달러가치는 35센트까지 하락하였다. 그 후 전쟁이 종료되면서 화폐가치가 일시 상승하였고 1866년부터 지폐의 회수가 시작되었다. 그런데 이 사이 농산물가격이 하락하는 현상이 나타났다. 이것은 지폐의 회수 때문이라고 생각하여 화폐회수에 반대하는 움직임이 높아지게 되었다. 따라서 지폐의 회수가 중지되었다가 1873년의 공황 때에 다시 지폐의 남발이 이루어짐에 따라서 그린 백의 증발여부가 금융재정정책 운용의 초점이 되었다.

이런 이유로 오늘날에도 그린 백이라는 말은 방만한 재정금융정책을 의미하게 되었으며, 인플레이션이라는 말의 어원도 이 그린 백 지폐 증발에서 비롯되었다. 즉 지폐가 상품의 유통에 필요한 양 이상으로 크게 증가하였고 마치 그 상태가 공기를 부대에 넣어 팽창시킨 것과 비슷하게 되었다는 것을 의미하기 때문이다.

22 독일의 지폐남발

1914년부터 18년간 지속된 1차 세계대전 시에는 전쟁규모가 그 전에 비해 역사상 최대의 것이었으므로 각국 모두 전비조달을 위해 막대한 불환지폐를 발행했다. 결과적으로 교전국들은 모두 상당한 물가상승을 경험했다. 특히 승전국보다는 패전국의 인플레이션이 심했다. 예로 미국, 영국, 일본 등은 전쟁 중에 물가상승률이 전전의 2배 정도였고, 비교적 전쟁의 피해가 컸던 프랑스와 벨기에 등에서는 3~4배 정도였다.

반면 패전국이었던 독일과 러시아의 전후 물가상승은 혹독했다. 러시아에서는 전쟁 막바지에는 지폐의 가치가 약 500억분의 1로 떨어졌다. 독일의 경우에는 이보다 더 심해서 1조분의 1로 떨어졌다. 이는 2차 세계대전 전까지는 역사상 최고의 기록으로 알려져 있다.

독일의 인플레이션이 파국에 이르렀던 것은 1차 세계대전이 끝나고부터 수년이 지난 1923년이었다. 그 발단은 군비조달방법에 있었다. 즉 독일정부는 군사비의 증대로 인해 재정의 적자가 누적되었음에도 불구하고 승전을 확신하고 있었기 때문에 증세 등의 수단을 고려하지 않았다. 오로지 단기공채를 발행하여 이것을 중앙은행인 라이히스방크(Reichsbank)에 인수시켰다. 대전발발과 동시에 금태환이 정지되었기 때문에 이는 중앙은행의 불환지폐 남발로 이어졌다. 그러나 전쟁 당시에는 물가상승이 그다지 심각하지 않았다. 물가지수가 1914년 125였던 것이 1918년 말에는 249로 온랐은 정도였다. 대전이 끝나자 독일제국이 바이마르헌법으로 공화국으로 바뀌는 과정에서 사회정치적 혼란이 일어나 생산이 현저하게 줄었다. 또 베르사이유조약에 의해서 독일은 거액의 전쟁배상의무를 부담하게 되었다.

이로 인해 독일의 전후 재정적자는 급증하였다. 그러나 독일은 재정적자를 전시와 마찬가지로 단기공채를 중앙은행에 인수시켰고, 중앙은행은 지폐를 남발할 수밖에 없었다. 이에 따라 물가의 상승과 환율의 상승이 시작되었고 물가의 상승률은 차츰 불환지폐의 증발률을 상회하였고, 환율의 상승률도 물가의 상승률을 상회하였다. 즉 불환지폐의 발행고는 1918년 1월 말에 291억 마르크였던 것이 1920년 2월 말에는 543억 마르크로 증가하였다. 이에 물가지수는 1918년 1월에 234였던 것이 1920년 2월에는 1,685로 상승하였다. 또 환율은 1918년 11월 1달러에 대해 7마르크였던 것이 1920년 2월에는 99마르크로 폭등하였다.

그러던 중 1921년 5월 런던 최후통첩에 의해 독일정부는 1,320억 마르크의 전쟁배상을 해야한다는 결정이 통보되자, 마르크화의 가치는 한 번 더 크게 하락하였다. 환율의 급격한 상승은 수입상품가의 상승을 통해서 국내물가를 상승시킴으로써 재정적자와 불환지폐의 증발은 더욱 가속화되었다. 즉 불환지폐의 발행고는 1921년 5월말에는 814억 마르크였던 것이 1923년 1월말에는 1조 996억 마르크로 불어났으며, 물가지수는 1921년에 1,308이었던 것이 1923년 1월에는 27만 8,500으로 상승하였고, 환율은 1921년 5월에 1달러에 62마르크였던 것이 1923년 1월에는 1만

7,972마르크로 올랐다.

　1923년 1월 독일정부가 배상약속을 이행하지 않자 프랑스 정부가 벨기에 정부와 공동으로 군대를 파견하여 독일의 석탄 주산지인 루루 지방을 점령하는 사태가 발생하였다. 이 때문에 마르크에 대한 불신이 점차 깊어지면서 환율과 물가도 폭등하였으며 재정의 적자와 불환지폐의 남발은 천문학적인 규모로 커져갔다.

　사태가 이같이 심각해지자 금 등 귀금속의 사재기는 더욱 심해졌으며 사람들은 앞을 다투어 상품과 외화매입에 광분하였다. 하루가 다르게 물가는 폭등했으므로 근로자가 일당을 받으면 주부들은 남편에게서 일당을 받는 즉시 상점으로 달려가서 생활필수품을 대량으로 사야만 했다. '지폐마르크로부터 물건으로의 도피'라는 말이 생겨나기도 했다. 사태가 여기에 이르자 이제는 지폐마르크는 더 이상 통화로서의 역할을 할 수 없게 되었으며 외화가 안정된 통화의 역할을 대신하게 되었다.

　독일은 화폐가치의 안정을 위해서 1923년 11월 렌텐마르크(Rentenmark)라는 화폐를 발행하였다. 이에 따라서 마르크는 환율이 1달러에 4조 2,000억 마르크로 안정되었다. 렌텐마르크는 부동산을 간접적으로 담보하는 새로운 통화로서 그 기초는 그렇게 확고한 것은 아니었으나, 독일 국민들에게 있어서는 오랜만에 안정통화로서의 역할을 할 수 있었던 것이다. 이것을 '렌텐마르크의 기적'이라 부른다.

　한편 대전 전 지폐마르크가 금과 태환되었던 시기에는 1달러는 4.2마르크였으므로 '렌텐마르크의 기적'이란 지폐마르크가 전전에 비해 꼭 1

조분의 1로 하락한 상태에서 기적적으로 안정된 것을 말한다. 그리고 1924년 8월에는 독일의 배상의무를 사실상 경감하는 안이 성립되면서 재정균형도 이루어지게 되었다. 이에 따라 독일에서는 금에 기초를 둔 렌텐마르크라는 새로운 통화가 발행되었고 이와 함께 1조분의 1 비율로 과거의 지폐마르크를 모두 회수함으로써 독일의 엄청난 인플레이션은 겨우 종식될 수 있었다.

23 헝가리와 그리스의 지폐남발

2차 대전 중과 대전 후에 세계 각국이 경험한 인플레이션은 1차 대전 중과 대전 후의 인플레이션에 비해 훨씬 더 심각한 것이었다. 이것은 2차 세계대전이 1차 세계대전보다 더 장기에 걸쳐 지속된 데다가 또한 비교되지 않을 정도로 격심했기 때문이다. 전승국도 막대한 군수물자를 생산하기 위해 민수용의 생산을 억제하였고 또 전비조달에 따른 재정의 적자는 누적되어 인플레이션의 진행은 필연적이었다. 더구나 패전국에서는 전쟁으로 국토가 철저하게 파괴된 데다가 점령비나 배상비 등의 부담이 가중되었으며 또 패전에 따른 정치적·사회적인 혼란 때문에 인플레이션에 대한 대책이 불충분하여 그 경제적 혼란은 매우 극심했다. 그 중에서 특히 헝가리와 그리스가 대표적인데 이 두 나라의 인플레이션은 1차 대전 중 독일이 겪은 인플레이션의 기록을 갱신했다.

헝가리는 처음부터 참전하였으나 1943년까지는 전쟁지역 밖에 있어서 그 경제적 피해가 그리 크지 않았다. 통화의 발행고는 1939년 말에 10억 펭고(Pengo)였던 것이 1943년 말에는 44억 펭고로 4.5배 증가되었으나 물가는 2배의 상승에 그치고 있었다.

---

* 이 글은, 김성립, *인플레이션 이야기*, 한국경제신문사, 1986, pp.230~232를 참조함.

그러나 1944년을 경계로 하여 인플레이션은 점점 심해져 통화량은 1945년 말에는 7,650억 펭고로 겨우 2년 동안에 170배로 급증하였다. 이에 1946년에 들어서면서 인플레이션은 완전히 파국적인 양상을 드러내기 시작하여 1946년 4월에는 통화량은 4,350조 펭고가 되었으며 그 다음부터는 정확한 단위를 알 수 없을 만큼 거액의 통화가 무지막지하게 발행되었다. 드디어 1947년 8월에 불환지폐 펭고를 폐지하고 금에 기초를 둔 새로운 통화 포린트(Forint)를 발행하였을 때 1포린트에 대한 펭고의 교환비율은 4 다음에 0을 29개 붙인 금액이었다.

독일 인플레이션 때 지폐마르크의 가치가 하락했다고 하나 그것은 1조분의 1, 즉 1 다음에 0을 11개 붙였을 뿐이므로 헝가리의 인플레이션이 얼마나 무시무시한 것이었던가를 알 수 있다. 헝가리의 인플레이션이 이렇게까지 된 것에는 몇 가지 중요한 이유가 있었다.

전쟁이 장기간 계속된 데 더하여 1944년부터 1945년에 걸쳐 독일군의 침입이 계속된 데다가 소련군의 침투와 전투, 독일·소련 양군에 의한 수탈이 연달아 일어났기 때문에 헝가리 경제는 파탄지경에 이르게 되었다. 이와 같은 상황 하에서 전후의 재정적자가 누적되었고 이로 인한 불환지폐가 남발되었다. 즉 총액 6억 달러에 달하는 배상을 6년의 연불로 지불한다는 의무를 지게 된 데다가 보통 예산의 65%에 해당하는 소련군의 진주경비를 지불하지 않으면 안 되었던데 반해 세금징수액은 겨우 경상예산의 20%를 충당하는 정도였다.

그 동안 헝가리 정부는 인플레이션을 수습하기 위해 여러 가지 수단을 강구하였는데 1945년 12월에는 지폐에 대해 75%의 자본과세를 실시하였다. 다시 말하면 1장의 지폐가 통용력을 갖게 하기 위해서 같은 종류의 지폐 3장을 제출하여 정부인지를 구입하도록 하고 이 인지를 1장의 지폐에 첨부하여 유통되도록 하였다. 그리고 인지가 첨부되지 않은 지폐는 통용될 수 없도록 하였던 것이다. 또 1946년 1월부터 조세 펭고제도를 실시하였다. 이것은 조세 펭고라는 새로운 통화를 발행하여 지폐 펭고의 실제가치 하락에 따라 매일 조세 펭고의 교환비율을 공표하고 납세 시에는 납부기일의 두 가지 화폐 교환비율에 따라 조세 펭고 상당액을 지폐 펭고로써 지불하게 하는 것이다.

그러나 이러한 대책만으로는 인플레이션의 수습이 어려웠다. 그래서 헝가리 정부는 미국으로부터 유럽에 주둔하는 미군이 소유하고 있는 잉여물자를 매입할 수 있는 크레디트(credit)를 제공받는 등 각종 경제원조를 받았고 이것을 기초로 종합적인 경제안정정책을 실시하였다. 그리고 그 정책의 일환으로서 새로운 통화 포린트를 발행하여 펭고를 회수하였다. 또한 독일군이 가지고 갔던 금 3,200만 달러를 미국으로부터 반환받고 여기에 민간으로부터 회수한 금 및 외화를 합하여 지폐발행 준비금으로 이용하였다.

그리스는 헝가리와는 달리 연합국 측이었으나 1941년 독일군이 침입한 후 3년 반 동안 독일 점령 하에 놓이게 되었다. 그리스는 원래 빈약한 농업국으로서 경지와 방목지를 합해도 전국토의 1/4 정도에 지나지 않고 식량의 자급을 할 수 없었는데 점령에 의해 농지는 황폐화되고 수입도 불가능하게 되었기 때문에 식량을 비롯한 물자의 공급은 급격하게 감소되었다. 또 전전의 재정수입은 주로 관세와 연초세煙草稅에 의존하고 있었는데 무역이 중지되고 연초생산지대를 불가리아에 일부를 양도

함으로써 국고수입은 대폭 감소되었고 한편 거액의 점령비 부담으로 재정수지의 적자는 급격히 증가하였다.

이와 같은 상황을 배경으로 통화의 유통량은 급격하게 증가하였다. 즉 1940년 말에는 유통량이 153억 드라크마(Drachma)였던 것이 1942년에는 3,060억 드라크마가 되었으며 더욱이 화폐교환이 실시되었던 1944년 10월에는 25 아래로 0을 17개 붙인 천문학적인 숫자로 변했다.

1944년 10월에 상륙한 연합군은 이러한 극심한 인플레이션의 수습을 위해 영국대장성의 전문가를 초빙하여 대책을 세우고 그 달에 500억 드라크마를 새로운 1드라크마로 교환함과 동시에 종합적인 인플레이션 대책을 강구했다. 이 조치로도 즉각적인 효과를 발휘하지 못해서 후에도 인플레이션 수습을 위해서 평가절하 등의 추가조치를 하지 않을 수 없었다.

24   초인플레이션의 발생원인

초인플레이션*은 왜 발생되는 것일까? 초인플레이션이 발생되면 이를 종식시키는 방법은 무엇일까? 이런 질문에 대한 답변은 약간 의외의 관점에서 얻어질 수 있다.

누가 보더라도 초인플레이션의 가장 확실한 원인은 해당국 중앙은행의 과도한 통화공급임에는 틀림없다. 중앙은행이 통화를 시중에 늘리면 얼마 후 물가수준은 대부분의 경우에서 상승할 수밖에 없다. 따라서 중앙은행이 과도하게 통화를 발행하면 결과적으로 초인플레이션으로 연결된다. 이렇게 발생된 초인플레이션을 멈추게 하기 위해서는 중앙은행이 통화증가율을 낮추어야만 한다.

그렇지만 앞서의 물음에 이같이 답하는 것은 무언가 부족하다고 느낄 것이다. 그러면 왜 중앙은행이 이같이 과도하게 통화를 증가시킬 수밖에 없었는지에 대한 의문이 남기 때문이다. 이런 한 단계 더 나아간 의문은 우리의 관심을 단순한 화폐정책에서 재정정책으로까지 넓힘으로써 그 해결의 실마리가 얻어질 수 있다. 대부분의 경우 초인플레이션은 정부가 지출을 감당할 만큼의 적절한 조세수입을 확보하지 못할 경우

---

* 초인플레이션은 하이퍼인플레이션(hyperinflation)이라고도 불린다.

시작되기 때문이다.

정부는 국채발행을 통한 정부부채를 늘림으로써 재정적자를 메우려 하지만, 정부의 신용도 하락 등 여러 가지 이유로 국채의 발행이 여의치 못할 경우 정부적자를 충당할 다른 방도를 찾아야 한다. 이럴 경우 정부로서는 가장 손쉽고 매력적인 방법이 화폐인쇄기에 의존하는 것이다. 보통 불환지폐의 경우 화폐인쇄 비용은 매우 저렴하므로 대규모 재정적자 발생으로 곤란에 처한 정부로서는 대규모 통화증발의 유혹에 빠지게 되는 경우가 많다.

역사적 사례로 1921년과 1923년 간의 독일에서 발생된 초인플레이션을 들 수 있다. 1921년 제1차 세계대전 후 전쟁 배상금 지급과 경제 재건의 필요성에 따라 독일의 정부지출은 세입을 훨씬 초과하게 되었다. 정부는 정부지출을 충당하기 위해서 조세를 증가시킬 수도 있었다. 그러나 이 방법은 정치적으로 인기가 없으며, 실행에도 많은 시간이 걸렸다. 정부는 국채발행으로 정부지출의 일부를 충당했지만, 이 당시 독일정부가 필요로 했던 금액은 국채발행으로 조달할 수 있었던 금액보다 훨씬 더 큰 것이었다. 이제 정부에게 남은 유일한 방법은 화폐를 발행하는 것뿐이었다. 1921년말부터 화폐공급은 급격히 증가하기 시작했고, 물가도 마찬가지였다. 1923년 독일의 물가수준은 년 100만%에 이르는 지경에까지 갔다.

1980년과 1990년대에도 남미의 많은 국가들이 초인플레이션을 경험했다. 아르헨티나, 브라질, 페루 등이 그들이다. 이들 국가에서 이 기간 나타난 높은 통화증가율은 독일의 경우와 유사하다. 조세를 증가시켜

정부지출 자금을 조달하려하지 않으려는 이들 국가들은 대규모 재정적자(때때로 GDP의 15% 이상)를 야기했다. 이러한 재정적자는 화폐창출을 통해서 메워졌다.

일단 초인플레이션이 진행되기 시작하면 정부의 재정적자 문제는 훨씬 더 심각한 상황으로 악화되기 마련이다. 지속적인 화폐가치의 하락으로 국민들은 조세납부를 의도적으로 지연시키려는 경향이 강해진다. 그럴수록 초인플레이션에 의한 국가의 실질재정수입은 더욱 악화되고, 화폐인쇄기에 의존해서 재정적자를 충당하려는 정부의 잘못된 경제운용방식은 더욱 고착화 되어간다. 과도한 통화팽창이 초인플레이션을 부르고, 초인플레이션은 정부의 재정적자문제를 더욱 악화시킨다. 이는 또 다시 더 급속한 통화팽창을 초래해서 급기야 사태는 악화일로로 빠져드는 악순환이 나타난다.

이런 초인플레이션을 종식시키기 위해서는 매우 고통스런 재정개혁이 필요하다. 일단 문제가 심각해지면 정부는 정부지출을 대폭 감소시키고, 조세를 대폭적으로 늘림으로써 정부의 재정적자를 줄이는 절차가 가장 시급해진다. 이를 위해서는 극단적인 수준의 정치적 결단이 요구된다. 이 같은 정치적 결단을 통해서만이 만성적인 재정적자를 줄일 수 있기 때문이다. 그리고 재정적자의 대대적인 감소만이 통화증발의 필요성을 없애주기 때문이다. 오랜 동안 지속되었을 방만한 재정상태와 누적된 국가채무를 단시일 내에 건전한 상태로 되돌리기 위해서는 해당 국가 국민들의 인내와 고통 없이는 불가능한 경우가 대부분이다.

과거 독일의 역사적 사례에서 재정문제가 독일의 초인플레이션을 초래했던 것처럼 재정개혁으로 독일의 초인플레이션은 종식될 수 있었다. 1923년 말에 정부 공무원의 수가 3분의 1만큼 감축되었으며, 전후 배상금 지불도 일시적으로 중지되었고 궁극적으로 모두 탕감되었다. 동시에 새로운 중앙은행인 렌텐방크(Rentenbank)가 구 중앙은행인 라이히스방크(Reichsbank)를 대신하게 되었다. 또한 렌텐방크는 화폐발행을 통해서 정부재정을 충당하지 않기로 국민들에게 서약했다.

인플레이션은 화폐적 현상이 분명하지만, 초인플레이션의 종식은 대부분 재정적자를 없애는 재정적 현상으로 마무리되게 마련이다.*

---

* 이 주제에 관해서는 다음의 논문을 참조. Thomas J. Sargent, "The End of Four Big Inflations," in Robert Hall, ed., *Inflation* (Chicago : University of Chicago Press, 1983), pp.41~98; Rudiger Dornbusch and Stanley Fischer, "Stopping Hyperinflation : Past and Present," *Weltwirtschaftliches Archiv* 122(April 1986) : 1~7.

part 4

물가정책

01 물가안정대책

인플레이션을 억제하기 위해서 어떻게 하면 좋을까? 물가는 기본적으로 보면 총수요와 총공급 간의 관계에서 결정된다. 총공급에 비해서 총수요가 지나치게 커지면 물가는 상승한다. 반대로 총공급보다 총수요가 적어지면 물가는 떨어진다.

첫째, 어떠한 원인으로 물가가 상승하더라도 먼저 총수요억제정책을 취하는 것이 물가대책의 기본이라고 할 수 있을 것이다. 일반적으로 총수요억제를 위한 대표적 정책수단으로는 재정정책과 금융정책의 두 가지를 들 수 있다.

이를테면, 경기가 과열될 기미여서 인플레이션이 발생할 우려가 커지고 있다고 하자. 이 경우는 경제정책당국은 경기를 냉각시키기 위하여 재정지출을 삭감하거나 증세를 통해서 총수요를 억제하려 들게 마련이다. 이것이 바로 재정정책을 통한 물가대책이다.

금융의 측면에서도 경기를 냉각시키고 총수요를 억제할 수 있다. 이 경우에도 크게 나누어 두 가지 방법이 있다. 금리정책과 통화정책이 그것이다. 통상적으로 경기과열로 물가가 불안해지면 중앙은행은 목표콜금리 수준을 올린다. 이렇게 되면 결과적으로 은행이 고객에게 대출하는 금리도 따라서 오르게 되고, 기업들 회사채발행 금리수준도 오르게 된다. 경제 내의 금리수준이 높아지니 가계의 소비지출과 기업의 투자수요가 줄면서, 경제 전체의 총수요도 줄어들어 경기의 과열을 진정시키는 효과를 얻는다. 또한 금리정책 이외에도 중앙은행이 통화정책을 통해서 통화량의 증가율을 억제해도 목표콜금리의 인상과 비슷한 효과를 얻을 수 있다.

둘째, 물가상승을 억제하기 위해서 총공급을 늘리는 방법도 효과적이다. 총공급을 늘리는 방법으로는 생산성의 향상, 수입촉진정책, 그리고 정부의 가격안정정책 등이 있다.

먼저 생산성의 향상에 관해서는 설비의 근대화, 합리화, 시설수준의 향상 등 생산현장에서 생산성을 높이는 대책이 있다. 또 유통구조를 합리화함으로써 소비자들에게 보다 저렴한 가격에 제품이 제공될 수 있게 하는 방식 등도 포함된다.

물가안정을 위한 수입촉진정책으로는 관세의 인하, 수입규제의 철폐, 수입할당품목의 할당량 확대 등이 있다. 이 밖에도 국내에서 급등하고 있는 상품의 가격을 떨어뜨리기 위한 긴급수입 등도 있다. 예로 과거 일본 내에서 야채가격이 급등하자, 임시적 긴급조치로서 대만, 한국 등으로부터 야채의 수입을 촉진시키기 위한 정책조치를 취하기도 했다.

이 밖에도 정부의 가격안정정책의 대표적인 사례로 농축산물공급안정기금 등을 들 수 있다. 농축산물 공급에 이상이 생겨서 이들의 가격이 급등하는 경우, 농축산물공급안정기금이 보관하는 농축산물비축량을 일부 방출함으로써 이들의 시장가격을 안정시키는 경우이다. 이밖에도 석유 등의 중요물자에 관해서는 비축체제를 강화하고, 필요에 따라서 방축하는 등의 형태로 수급의 조정에 힘쓰는 것 등이 그것이다.

셋째로, 물가안정정책으로는 기업이 자유롭게 경쟁하도록 함으로써 가격의 안정을 도모하는 경쟁유지정책도 중요하다. 기업들과 업계가 한 통속이 되어 가격카르텔을 체결하거나 공정거래에 의하여 인위적으로 가격을 인상한다면 물가는 상승한다. 그것만이 아니다. 기업의 경쟁제한적 움직임이 강화되면, 기업은 경영노력을 게을리 하게 된다. 그 결과로 경영비용이 늘어나서 물가인상의 원인을 만들게 된다. 이것 때문에 정부는 공정거래법을 엄격하게 운영하여 위법카르텔이나 불공정거래 등의 경쟁제한적 행위를 단속하고, 기업 간의 경쟁유지와 촉진에 힘을 쏟고 있다.

넷째로, 어떤 의미에서 물가대책으로 가장 중요한 것은 경제주체들의 인플레이션 기대심리를 촉발시키지 않는 것이라고 할 수 있다. 앞으로 물가가 오를 것이라고 생각하면 기업도 소비자도 그러한 기대에 따라서 행동하기 때문에 수요가 팽창하면서 물가는 상승하게 된다. 이 같은 인플레이션 기대심리의 제거에는 정책당국의 물가안정 의지에 대한 경제주체들의 신뢰가 절대적으로 필요하다.

02 미국의 디스인플레이션

 물가상승률이 둔화되는 현상을 디스인플레이션(disinflation)이라고 부른다. 다시 말해서 인플레이션율이 하락하는 것을 의미한다. 이는 물가자체가 하락하는 디플레이션(deflation)과는 분명히 다르다.

미국은 1979년 소비자물가지수의 인플레이션율이 13.3%로 매우 높은 수준에 머물고 있었다. 미국의 중앙은행인 Fed는 이 같은 인플레이션율을 어떻게 낮출 수 있을지에 골머리를 앓고 있었다. 1979년 카터 미국대통령은 볼커를 Fed의 의장으로 임명했다. 그는 닉슨 행정부에서도 Fed의 의장으로 활동한 바가 있었으며, 인플레이션과의 전쟁을 주도하려 하고 또 그렇게 할 수 있는 가장 적격한 인물로 여겨졌다.

1979년 10월 Fed는 운영절차에 일련의 변화가 있을 것임을 발표했다. 특히 일정한 단기이자율을 유지하려는 목표에서 명목통화증가율을 일정하게 유지하는 목표로 전환할 것임을 시사했다. Fed는 인플레이션과의 전쟁, 디스인플레이션의 목표경로, 다양하고 의욕적이며 공격적인 계획에 대해서는 어떤 발표도 일절 하지 않았다. 그럼에도 불구하고 금융시장은 이러한 기술적 변화를 통화정책의 중요한 변화로 해석했다. 중앙은행의 이러한 변화는 통화량증가와 인플레이션의 감소에 주력할 것이며, 필요하다면 이자율을 아주 높은 수준으로까지 상승하도록 방치할 수도 있다는 의미로 받아들여졌다. 실제 다음 7개월에 걸쳐 연방기금금리는 6%포인트 이상 상승하여, 1979년 9월 11.4%에서 1980년 4월에는 17.6%로 치솟았다.

이같은 급격한 금리의 인상은 1980년대 중반에 이르러 급격한 경기침체로 나타나기 시작했다. Fed는 그 해 7월에 연방기금금리를 9%로 낮춤으로써 4개월 만에 금리를 8.6% 포인트 하락시켰다. 그리고는 1980년말 경기가 회복되는 모습이 분명해지자 Fed는 연방기금금리를 다시 급격하게 인상시키기 시작했다. 1981년 1월 금리는 다시 19%로 대폭 인상되었다. 그해 말 경기가 다시 침체할 조짐을 보이기 시작했다. 그러나 Fed는 1980년의 실수, 즉 경기침체에 직면해서 디스인플레이션 목표를 일시적으로 포기하는 실수를 다시 반복하지 않기로 했다. 연방기금금리는 1981년 12월 12.3%로 소폭 하락한 후에 1982년 4월 14.9%로 다시 인상되었다.

Fed의 이같은 디스인플레이션에 대한 강한 의지표명은 중앙은행에 대한 신뢰성을 높이는 결과로 나타났다. 특히 1982년 봄 경기가 침체에 빠졌다는 신호에도 불구하고 연방기금금리를 인상함으로써 신뢰성은 더욱 높아질 수 있었다. 그 결과는 놀라운 것이었다. Fed에 대한 신뢰성은 실제로 미국의 소비자물가지수의 인플레이션율을 기적적으로 낮추는데 크게 기여하였다. 1981년 이 수치는 8.9%로 낮아졌고, 1982년에는 3.8%로 더 크게 낮아졌다.

Fed에 대한 신뢰성 기적은 여기서 끝나지 않았다. 실업률도 함께 낮아지기 시작한 것이다. 1982년과 1983년 2년 모두에서 평균 실업률은 9%를 상회했고 1982년 12월에는 10.8%로 정점을 기록했다. 그 후 1984년과 1985년 실업률은 각각 7.5%와 7.2%로 크게 낮아졌다. 당시 자연실업률 수준이 6.0%로 추정되고 있었음을 감안하면 7% 초반의 실업률은 놀랄 만한 성과였다.

　Fed의 디스인플레이션에 대한 강한 의지표명과 실천은 시장에서의 Fed에 대한 신뢰성을 크게 높일 수 있었다. 이같은 '신뢰성 이득'은 당연히 인플레이션의 퇴치는 물론이고 실업률의 하락까지 가져다주었다. 인플레이션과 실업률이라는 두 마리의 토끼는 동시에 잡기 불가능하다는 거시경제정책의 딜레마를 손쉽게 극복하는 쾌거를 이룬 것이다.

　이런 결과는 경제학자들 사이에서 인플레이션을 낮추기 위해서는 반드시 실업률이 높아질 수밖에 없는 경제적 희생이 필요하다는 필립스곡선(Phillips curve)에 대한 재검토가 필요하다는 논의를 불러일으켰다. 이러한 논의 결과 물가정책에 대한 신뢰성이 높아지면 인플레이션과 실업률 간의 상충관계가 훨씬 더 악해지므로 실업률증가라는 비용을 반드시 치루지 않아도 디스인플레이션이 가능하다는 합의에 이르렀다. 그래서 전통적인 필립스곡선은 기대가 가미된 필립스곡선(expectation-augmented Phillips curve)으로 대체되어 보다 정교한 모습으로 새로 태어났다.

03 미국의 인플레이션과 실업

인플레이션과 실업은 경제적 성과를 측정하는 주요한 방법이므로 거시경제상황을 자주 필립스곡선을 통해서 살펴보게 된다. 1961년 이래로 미국 인플레이션과 실업의 역사를 보여 주는 40년 동안의 자료를 살펴보면 인플레이션이 상승하거나 하락하는 이유를 부분적으로나마 알 수 있다.

1960년대에는 정책입안자들이 단기적으로 높은 인플레이션을 대가로 실업을 낮출 수 있다는 점을 보여주고 있다. 팽창적 금융정책과 함께 1964년의 조세삭감은 실업률을 5% 이하로 낮추었다. 1960년대 말 총수요가 지속적으로 팽창한 것은 월남전쟁을 수행하기 위한 정부지출의 부산물이었다. 정책입안자들이 의도했던 것보다 실업은 더 낮게 하락하고 인플레이션은 더 높이 상승하였다.

1970년대는 경제적 혼란의 시기였다. 이 기간 동안 정책입안자들은 1960년대부터 비롯된 인플레이션을 낮추려고 시도하였다. 닉슨 대통령은 임금 및 가격을 일시적으로 통제하였고 연방준비은행도 수축적인 금융정책을 통해 경기를 진정시키려 하였지만 인플레이션은 단지 약간 하

---

* 이 글은, N. Gregory Mankiw, *거시경제학 6판*, 시그마프레스, pp.425~426을 참조함.

락하였을 뿐이다. 임금 및 가격에 대한 통제가 해제되었을 때 그 효과는 종식되었고 경기후퇴는 너무 미미하여 경기호황에 따른 인플레이션을 잠재울 수 없었다. 1972년까지 실업률은 10년 전과 같았으며 인플레이션은 3% 상승하였다.

1973년에 접어들어 정책입안자들은 석유수출국기구(OPEC)에 의한 대규모 공급충격에 대응하여야만 했다. 석유수출국기구는 1970년대 중반에 처음 유가를 인상하여 인플레이션을 약 10%까지 상승시켰다. 일시적으로 수축적인 금융정책과 유가파동으로 인한 불리한 공급충격으로 인해 1975년에는 경기가 후퇴하였다. 후퇴기 동안의 높은 실업으로 인해 인플레이션이 다소 하락하였으나 이따른 석유수출기구의 유가인상으로 1970년대 말 인플레이션은 다시 한번 상승하였다.

1980년대는 높은 인플레이션과 인플레이션에 대한 높은 기대로 시작되었다. 연방준비제도 이사회는 의장인 폴 볼커(Paul Volker)의 지도 하에 인플레이션을 낮추기 위한 금융정책을 끈질기세 시행하였다. 1982년과 1983년에 실업률은 40년 내에 최고 높은 수준에 도달하였다. 1986년 유가하락에 힘입어 높은 실업은 인플레이션을 약 10%에서 약 3%로 낮추었다. 1987년까지 약 6%의 실업률은 자연율에 거의 도달하였다고 평가되었다. 그러나 1980년대 전반에 걸쳐 실업은 계속 하락하여 1989년에 5.2%까지 낮아졌으며 수요견인 인플레이션이 새로이 시작되었다.

1990년대 및 2000년대 초에는 이전의 30년 전과 비교하여 상대적으로 평온하였다. 1990년대는 수축적인 금융정책, 저축대출은행 위기, 걸프전과 동시에 발생한 소비자신뢰의 하락과 같은 총수요에 대한 몇 번의 수축적인 충격에서 비롯된 경기후퇴가 시작되었다. 1992년에 실업률은 7.3%까지 상승하였으며 인플레이션은 단지 조금 하락하였을 뿐이다. 1982년의 경기후퇴와 달리 1990년 경기후퇴 시 실업은 자연율을 크게 벗어나지 않아서 인플레이션에 대한 영향이 미미하였다. 이와 유사하게 2001년 후퇴기 동안에 실업은 증가하였지만 경기침체는 가벼운 것이었으며 인플레이션에 대한 충격도 약하였다.

이처럼 최근의 거시경제 약사는 많은 인플레이션 원인을 제시하고 있다. 1960년대와 1980년대는 수요견인 인플레이션의 양면을 보여 주었다. 즉 1960년대에는 낮은 실업률과 함께 인플레이션이 발생했으며, 1980년대에는 수요억제정책을 통해서 인플레이션을 진정시킬 수 있었다. 석유 가격이 급등한 1970년대는 비용상승 인플레이션의 영향을 보여 주었다.

04 희생률

필립스곡선에 의하면 이로운 공급충격이 없을 경우 인플레이션을 낮추기 위해서 실업이 상승하고 생산량이 낮아지는 기간을 경험하여야 한다. 그러나 어떤 규모로 얼마나 오랫동안 실업이 자연율 이상으로 상승하여야 하는가? 인플레이션을 낮출지 여부를 결정하기 전에 정책입안자는 낮은 인플레이션으로 전환되는 기간 동안 얼마 정도의 생산량이 감축되어야 하는지 알아야 한다. 그래야만 이 비용을 낮은 인플레이션으로부터 발생할 이득과 비교할 수 있다.

많은 연구들이 이용가능한 자료를 사용하여 필립스곡선을 계량적으로 분석하였다. 이 연구들의 결과는 희생률(sacrifice ratio)이라 불리는 숫자로 요약될 수 있다. 이는 인플레이션을 1%포인트 낮추기 위해 포기해야 하는 연간 실질 GDP의 백분율을 의미한다. 희생률에 대한 평가는 큰 폭으로 변하지만 일반적인 측정 결과는 약 5가 된다. 즉 인플레이션 1%포인트를 낮추기 위해서 연간 GDP 5%가 희생되어야 한다.

또한 실업의 관점에서 희생률을 나타낼 수 있다. 오쿤의 법칙에 의하면 실업률 1%포인트의 변화는 GDP 2%의 변화로 해석된다. 따라서 인플

---

* 이 글은, Mankiw, N. G., *거시경제학 6판*, 시그마프레스, pp.429~431을 참조함.

레이션을 1%포인트 낮추려면 경기순환적 실업은 2.5%가 증가한다.

　희생률이 개념을 이용해서 인플레이션을 낮추기 위해서 실업이 얼마만큼 그리고 얼마나 오랫동안 증가해야 하는지를 알 수 있다. 만일 인플레이션 1%포인트를 낮추는데 연간 GDP 5%의 희생이 필요하다면 인플레이션을 4%포인트 낮추는데 연간 GDP 20%의 희생이 요구된다. 이에 상응해서 인플레이션이 이만큼 감소하는 데 경기순환적 실업이 10% 증대되는 희생이 요구된다.

　이런 디스인플레이션은 희생의 합계가 동일하게 연간 GDP의 20%이지만 다양한 방법을 선택할 수 있다. 예를 들어 신속한 디스인플레이션은 2년 동안 생산량을 10%씩 낮출 수 있으며 이를 인플레이션에 대한 즉각적인 해결책이라고 한다. 완만한 디스인플레이션은 4년 동안 5%씩 생산량을 낮추는 것이며 훨씬 더 점진적인 디스인플레이션은 10년 동안 2%씩 생산량을 낮추는 것이다.

　합리적 기대를 주장하는 사람들은 단기 필립스곡선이 정책입안자가 이용할 수 있는 선택을 정확하게 나타낸 것은 아니라고 주장한다. 그들은 정책입안자들이 확실히 인플레이션 감축을 약속하였을 경우 합리적인 사람들은 그 약속을 이해하고 인플레이션에 대한 기대를 신속히 낮춘다고 믿는다. 이 경우 인플레이션은 실업을 증대시키거나 생산량을 감소시키지 않고도 진정될 수 있다. 합리적 기대이론에 따르면 전통적인 희생률 측정방법은 다양한 정책들의 충격을 평가하는데 유용하지 않다고 한다. 신뢰할 수 있는 정책 하에서 인플레이션을 낮추는 비용은 기존에 알려진 희생률이 제시한 것보다 훨씬 낮아질 것이라고 주장한다.

가장 극단적인 경우 경기후퇴를 전혀 일으키지 않고도 인플레이션을 낮출 수 있다고 생각할 수 있다. 이런 고통 없는 디스인플레이션은 두 가지 조건이 충족되어야 한다. 첫째, 임금과 가격을 결정하는 노동자와 기업들이 기대를 형성하기 전에 인플레이션을 낮추겠다는 계획이 발표되어야 한다. 둘째, 노동자와 기업이 발표를 신뢰하여야 한다. 그렇지 않으면 그들은 인플레이션에 대한 기대를 감소시키지 않을 것이다. 위의 두 조건이 충족되면 발표는 즉각적으로 인플레이션과 실업 사이의 단기적 상충관계를 아래쪽으로 이동시켜 실업을 증대시키지 않고 인플레이션을 낮출 수 있다.

거의 모든 경제학자들은 인플레이션에 대한 기대가 인플레이션과 실업 사이의 단기적 상충관계에 영향을 미친다는 데 의견을 같이 한다. 따라서 인플레이션을 낮추려는 정책의 신뢰성이 정책이 치러야할 대가를 결정하는 한 요소가 된다. 불행히도 새로 발표된 정책을 신뢰하는지 여부를 예측하기는 어려운 일이다. 기대가 중심적 역할을 할 경우 다양한 정책들의 결과를 예측하는 일은 훨씬 더 어려워진다.

05 희생률의 추계

적응적 기대에 기초한 필립스곡선에 의하면 인플레이션을 진정시키기 위해서는 높은 실업과 낮은 생산을 경험하여야 한다고 주장한다. 이와는 대조적으로 합리적 기대이론은 인플레이션을 낮추는 데 훨씬 적은 대가만 치러도 된다고 한다. 실제 디스인플레이션 기간 동안 어떤 일이 일어나는지 살펴보도록 하자.

1980년대 초 미국의 디스인플레이션을 생각해 보자. 이 기간은 미국 역사상 가장 높은 인플레이션 중 일부를 경험하며 시작되었다. 그러나 의장인 폴 볼커의 책임 하에 연방준비제도 이사회가 시행한 엄격한 수축적 금융정책 때문에 인플레이션은 1980년대 초 몇 년 동안 대폭 하락하였다. 이 실례는 디스인플레이션 기간 동안 생산이 얼마나 감소되었는지 평가할 수 있는 자연스런 실험이 되었다.

첫 번째 질문은 인플레이션이 얼마나 감소되었는지에 관한 것이다. GDP디플레이터로 측정한 인플레이션은 1981년 9.7%로 최고조에 달했다. 연방준비제도 이사회의 정책과 관련이 없는 이로운 공급충격인 1986년 유가하락 때문에 1985년까지의 인플레이션을 검토하는 것이 바람직

---

* 이 글은, Mankiw, N.G., *거시경제학 6판*, 시그마프레스, pp.431~432를 참조함.

하다. 1985년 인플레이션은 3.0%였으므로 4년 동안 연방준비제도 이사회가 인플레이션을 6.7% 하락시키는데 주요한 역할을 하였다고 평가할 수 있다.

두 번째 질문은 이 기간 동안 생산이 얼마나 감소되었는지에 관한 것이다. 다음의 표는 1982년부터 1985년까지의 실업률을 나타낸다. 자연실업률이 6%라 가정하면 매년의 경기순환적 실업규모를 계산할 수 있다. 이 기간 동안 총합계로 경기순환적 실업이 9.5%에 달하였다. 오쿤의 법칙(Okun's law)*에 의하면 실업률 1%의 변화는 GDP 2%의 변화로 전환된다. 따라서 연간 GDP의 19%가 디스인플레이션 기간 동안 감소하였다고 할 수 있다.

볼커 재임 시 실업률 변화

연도	실업률, U	자연실업률, U^n	경기순환적 실업률, $U-U^n$
1982	9.5%	6.0%	3.5%
1983	9.5	6.0	3.5
1984	7.4	6.0	1.4
1985	7.1	6.0	1.1
			합계 9.5%

이제 우리는 이 경우에 대한 희생률을 계산할 수 있다. GDP의 19%가 감소하였고 인플레이션은 6.7% 하락하였다. 인플레이션 1%를 낮추는 데 GDP는 19.0%/6.7% 또는 2.8의 비율로 감소하였다. 상기 디스인플레이션

---

* 실업률과 경제성장률 간의 상관관계에 관한 법칙이다. 미국의 경제학자 A.오쿤에 의해 확인되었다. 오쿤은 대략 실업률이 1% 늘어나면, 미국에서는 GDP가 약 2% 감소한다는 사실을 밝혀냈다.

의 희생률은 2.8로 평가된다.

이 희생률은 볼커 의장이 취임하기 전의 평가보다 작다. 다시 말해 볼커 의장은 많은 경제학자들이 예상했던 것보다 적은 비용으로 인플레이션을 낮추었다. 이에 대한 한 설명은 볼커 의장의 확고한 자세가 직접적으로 인플레이션 기대에 영향을 줄 만큼 충분히 신뢰할 만하였다는 것이다. 그러나 기대 변화가 디스인플레이션을 고통스럽지 않게 할 정도로 충분한 것은 아니었다. 1982년 실업은 대공황 이래 최고 수준에 달하였다.

이 기간 디스인플레이션은 역사상 하나의 실례에 불과하지만 이런 종류의 분석은 다른 디스인플레이션에도 적용될 수 있다. 최근의 한 연구는 19개국의 65개 디스인플레이션 결과를 이용하여 이루어졌다.[*] 거의 모든 경우에 인플레이션의 하락은 일시적인 생산감소라는 대가를 치루고 달성될 수 있었다. 그러나 생산감소 규모는 상황에 따라 변하였다. 급속한 디스인플레이션은 일반적으로 완만한 디스인플레이션보다 희생률이 작았다. 즉 적응적 기대에 기초한 필립스곡선이 예상한 것과는 대조적으로 즉각적인 접근법이 점진적인 것보다 희생이 적었다. 또한 짧은 노동계약 기간처럼 신축적인 임금제도를 채택한 국가들의 희생률이 작았다. 이처럼 인플레이션을 낮추기 위해서는 언제나 대가를 치러야하나 정책 및 제도가 그 크기를 결정한다.

---

* Laurence Ball, "That Determines the Sacrifice Ratio?" in N. Gregory Mankiw, ed., *Monetary Policy*(chicago : University of Chicago Press, 1994).

06 물가안정목표제

물가안정목표제(inflation targeting)란 중앙은행이 명시적인 중간목표 없이 일정기간 동안 또는 장기적으로 달성해야 할 물가목표치를 미리 제시하고 이에 맞추어 통화정책을 운영하는 방식으로서 1990년대 이후 각광을 받고 있는 새로운 통화정책 운영체계이다. 즉 중앙은행은 통화량, 금리, 환율 등 다양한 정보변수를 활용하여 장래의 인플레이션을 예측하고 실제 물가상승률이 목표치에 수렴할 수 있도록 통화정책을 운영하며, 이후 그 성과를 평가하고 시장의 기대와 반응을 반영하면서 정책방향을 수정해 나간다.

이 제도는 1990년 뉴질랜드에서 처음 도입되었으며 이후 캐나다, 영국, 스웨덴 등 일부 선진국과 한국, 멕시코 등 신흥시장국 그리고 체코, 폴란드 등 체제전환국으로 확산되어 현재 23개국에서 운영되고 있다.

물가안정목표제를 도입하게 된 직접적인 배경은 나라마다 다소 차이가 있다. 우선 뉴질랜드, 캐나다, 호주, 스페인에서는 통화량목표제의 유용성 저하에 따른 대안으로 이 제도를 채택하였다. 이전에 사용되던 통화량목표제는 1980년대 들어 금융혁신 및 금융자유화의 급속한 진전으로 통화수요의 불안정성이 증대되고 통화와 인플레이션 간의 관계도 불투명해짐에 따라 그 유용성이 크게 저하되었다. 반면 스웨덴, 핀란드에서는 유럽의 환율조정메커니즘(ERM) 위기 이후 변동환율제도로 이행한 것을 계기로 이 제도를 도입하게 되었다. 한편 한국, 체코(1998), 멕시코, 브라질, 콜롬비아(1999), 태국(2000) 등 신흥시장국들은 통화량이나 환율을 명목기준지표로 하는 기존 통화정책의 유효성이 크게 낮아진 상황에서 물가안정목표제를 먼저 채택한 주요 선진국들이 동 제도 도입 이후 물가안정 등 상당한 경제적 성과를 거두고 있다는 평가에 따라 물가안정목표제로 이행하였다.

이들 국가들은 모두 물가안정이 지속적인 경제성장에 가장 긴요한 요소라는 인식이 높아지면서 이를 위한 제도적 장치를 강화할 필요성이 커졌다. 1960~1970년대에 정책당국자들은 경제성장을 위해서는 어느 정도의 물가상승이 불가피하다고 생각하였으나 1980년대 들어 중장기적으로는 인플레이션 자체가 경제성장을 저해한다는 인식을 하게 되었다. 이에 따라 중장기적인 물가안정을 달성하기 위한 제도적 장치로서 중앙은행이 인플레이션 목표치를 명시적으로 설정, 공표하고 이를 달성하기 위해서 노력할 것을 공약하는 물가안정목표제가 주목받게 되었다.

중앙은행이 물가목표 제시를 통해 물가안정에 대한 강력한 의지를 표명하고 통화정책에 대한 신뢰성을 확보한다면 물가안정의 바탕이 되는 경제주체들의 인플레이션 기대를 안정시킬 수 있을 것으로 기대되었다. 또한 이 제도의 도입은 중앙은행의 물가안정에 대한 책임을 강화하고 독립적인 통화정책 수행 관행을 확립하는 계기가 되었다고 평가되고 있다.

물가안정목표제가 성공을 거두려면 통화정책 또는 중앙은행에 대한 일반의 신뢰확보가 가장 중요하다. 즉 중앙은행의 '약속'에 대한 '믿음'이 핵심이라고 할 수 있다. 만약 일반국민들이 중앙은행을 신뢰하지 못하고 있다면 중앙은행이 제시하는 약속, 즉 물가목표도 믿지 않게 되어 이와는 전혀 다른 방향으로 의사결정을 하게 될 것이다. 예를 들어 신뢰성이 약한 중앙은행이 금년 물가를 3%에서 억제하겠다고 발표했더라도 국민이 이를 신뢰하지 못하면 임금협상에서 10% 임금 인상을 요구할 수 있고 개인서비스업자들도 요금을 10% 이상 인상할 가능성도 있는 것이다. 이렇게 되면 이 제도는 실패할 확률이 높아진다.

물가안정목표제가 성공하기 위해서는 통화정책에 대한 신뢰성이 대단히 중요하지만, 그렇다고 이 제도를 도입한 나라들의 중앙은행이 처음부터 국민들로부터 전폭적 신뢰를 얻고 있었던 것은 아니다. 따라서 신뢰성이 높지 않은 상태에서 물가안정목표제를 성공적으로 수행하기 위해 각국은 다양한 '신뢰성 보강장치'를 모색하게 되었다. 신뢰성 보강을 위한 장치는 (1) 중앙은행이 물가안정에 전념할 수 있도록 독립성을 강화, (2) 독립성이 강화된 만큼 정책수행에 대한 책임성을 부여, (3) 대중과의 커뮤니케이션이 효과적으로 이루어질 수 있도록 하는 통화정책의 투명성을 높이고 정책홍보를 강화하는 등의 세 가지를 주요 요소로 하고 있다.

또한 물가안정목표제는 가장 시장친화적인 통화정책 운영체계이므로 발달된 금융시장이 필요하다. 이 제도 하에서는 일반적으로 단기금리를 운용목표로 하여 통화정책이 수행되므로 금리의 가격기능이 제대로 작동되고 금리경로에 의한 정책효과가 원활히 파급될 수 있도록 선진화된 금융시장이 필요하다. 이런 요건들을 개발도상국에 갖추지 못한 경우가 많아서, 이 같은 제도의 도입을 어렵게 하기도 한다. 그러나 역으로 이 제도의 도입이 금융시장의 발달 및 통화정책의 선진화를 촉진시키는 계기가 될 것이라는 견해도 있다.

07 근원인플레이션

근원인플레이션(underlying inflation)이란 전체 소비자물가지수를 구성하는 총 516개 품목 가운데 통화정책과는 무관하게 가격이 급등락하기 쉬운 채소·과실 등과 같이 계절적 요인에 따라 작황에 영향을 받는 '곡물 이외의 농산물(42개 품목 : 가중치 4.00%)'과 가솔린·경유·등유·액화석유가스·도시가스 등과 같이 일시적 외부 충격에 의해 급격하게 물가가 오르내리는 '석유류(7개 품목 : 가중치 7.65%)'를 제외하고 계산한 인플레이션이다. 코어 인플레이션(core inflation)이라고도 부른다.

근원인플레이션은 물가변동의 추세를 잘 보여주고, 통화정책으로 통제가 가능하다는 장점을 갖는다. 그렇지만 소비자가 일상생활에서 피부로 느낄 수밖에 없는 농산물 및 석유류 가격을 한국은행이 정책적 고려에서 제외한다면 통화정책에 대한 일반의 신뢰가 손상될 수 있다는 것이 근원인플레이션 목표가 갖는 문제점이다. 세계 대부분의 국가들은 물가안정을 위해 물가안정목표제를 채택하고, 소비자물가지수를 근간으로 물가안정목표를 설정하고 있다. 그러나 소비자물가에 포함되어 있는 일부 품목은 외부적인 충격 요인이 발생할 경우 단기에 급등락하여 소비자물가에 영향을 주기 때문에 단기적으로 소비자물가 자체를 기준으로 할 경우 일관성 있는 통화정책을 운용하기 어렵다.

한국에서는 물가안정목표제가 첫 도입된 1998년부터 1999년의 2년 동안은 전체 소비자물가지수(Headline CPI)를 기준으로 물가안정목표를 설정하였다. 구체적으로 외환위기 직후였던 1998년에는 환율급등의 영향을 감안하여 인플레이션 목표구간을 9%를 중심으로 상하 1%의 범위(즉, 9%±1%) 내로 비교적 높게 설정했고, 1999년에는 이를 3%±1%로 하향조정하였다.

이후 2000년부터 2006년까지는 물가안정목표를 근원인플레이션을 기준으로 설정·운용하였다. 그러나 2007년부터는 다시 전체 소비자물가상승률을 기준으로 설정하고 있다. 2000년부터 2003년의 기간에는 근원인플레이션 목표 구간이 1년 단위로 결정되었다. 그러나 물가안정 목표를 매년 설정하는 것은 이론적으로나 현실적으로 문제가 있었다. 통화정책의 효과가 실물경제에 파급되기까지는 대개 짧으면 6개월, 길면 2년까지 걸리기 때문이다. 이같이 올해의 통화정책 운용이 내년도 인플레이션에 미칠 수 있는 영향의 범위는 매우 제한적이라서 매년 정해지는 물가안정 목표는 현실적 의미가 그리 크지 않게 된다. 이는 통화정책의 목표시계를 장기화할 필요가 있음을 의미한다.

이보다 더 중요한 점은 우리나라와 같은 소규모 개방경제에서 물가가 환율이나 석유류 등 원자재가격과 같이 국내적으로 통제가 곤란한 외부요인에 의해 변동되기 쉽다는 것이다. 이런 경우 매년의 불규칙한 외부요인이 다소 상쇄될 수 있는 보다 긴 기간, 즉 중기에 걸쳐 평균적으로 달성할 수 있는 목표를 설정하는 것이 바람직하다. 이런 이유로 2000년부터 2003년까지의 기간 동안 한국은행은 매년의 목표구간과 함께 연평균 2.5%의 근원인플레이션 유지를 중기목표로 설정했었다. 그러나 중기 목표는 "구속력이 없는 선언적인 것"이었기 때문에 별다른 성과 없이 이내 흐지부지되고 말았다.

이와 같은 문제를 보완하기 위해 2004년 1월 한국은행은 단년제 목표의 설정을 포기하고 중기 물가안정목표제로 이행하였다. 이에 따라 한국은행은 2004년부터 2006년까지의 3년간 근원인플레이션의 연평균 목표를 2.5%~3.5% 구간으로 결정하였다. 이때 연평균 근원인플레이션 목표 구간을 2.5%~3.5%로 설정한 것은 우리나라의 경제적 펀더멘털에 부합하는 적정 근원인플레이션의 추정치(연 3%)에 각종 불확실성을 고려하여 상하 0.5%의 범위를 둔 것이다.

현재 한국은행은 2007년부터 2009년까지의 기간에 대한 중기 물가안정목표를 소비자물가상승률 기준 3.0%±0.5% 범위로 설정하고 있다. 2004~2006년의 목표 구간 2.5%~3.5%와 2007~2009년의 목표 구간 3.0%±0.5%는 범위 자체는 수치상 동일하지만 내용으로 보면 두 가지 점에서 차이가 난다. 첫째, 두 기간 간의 대상지표가 다르다. 전자는 근원인플레이션율로, 후자는 전체 소비자물가로 계산한 인플레이션율을 각각 기준으로 한 것이다. 둘째, 전자는 중심치가 설정되어 있지 않지만, 후자는 중심치를 3.0%로 못박고 있다는 점에서 차이가 난다. 이에 대해 한국은행은 "기대인플레이션의 수렴을 용이하게" 하기 위해서라고 설명하고 있다.

08 우리나라 물가변동의 특징

우리나라의 물가변동 추이를 기간별로 살펴보면, 1970년대에는 성장위주의 경제정책으로 인한 높은 통화증가율과 환율의 평가절하 등으로 G7 선진국 평균 10%대 내외에 비해 두 배 가까운 20%대의 높은 상승률을 기록하였다. 그러나 1980년대 들어서는 정부의 강력한 물가안정대책에 힘입어 물가상승률이 크게 둔화되어 1982~1987년 중에는 오히려 G7 선진국 평균 5%대보다도 낮은 2~3%대의 상승률을 기록하기도 하였다. 1980년대 후반에는 3저 호황에 따른 고성장과 자산가격 상승, 높은 임금상승 등의 영향으로 10%에 접근하면서 다시 선진국에 비해 물가상승률이 높아지기 시작하였다. 이후 1990년대 들어 물가오름세가 점차 둔화되기는 하였으나 선진국과의 인플레이션 격차는 지속되었다.

일반적으로 인플레이션은 자원배분의 왜곡, 불확실성의 확대 등을 통해 사회 전체의 비용을 초래한다. 이에 따라서 세계 각국은 물가안정을 위해서 많은 노력을 기울이는 것이 사실이다. 그 결과 1990년대 이후 전 세계적으로 인플레이션이 1970년대와 1980년대에 비해서 크게 낮아졌다. 우리나라도 2000년대 들어 소비자물가 상승률이 연평균 3% 내외

---

* 이 글은 김정현·이동원, "우리나라 물가변동의 주요특징과 시사점", 한국은행 *Monthly Bulletin*, October 2004.를 참조함.

에서 안정적인 움직임을 보이고 있지만, 여전히 선진국(G7 평균 기준)의 2% 내외보다는 높은 편이다.

그 이유는 다음과 같은 몇 가지 요인에 기인한다고 볼 수 있다. 우선, 우리나라는 선진국에 비해서 식료품과 에너지의 가격상승률이 상대적으로 매우 높은 것으로 알려져 있다. 이는 농축수산물의 비효율적 유통과정과 에너지세제 개편 및 환율상승 등에 기인한 것으로 판단된다. 한편 상품가격에 비해 상대적으로 높은 상승률을 나타내는 서비스의 비중이 선진국에 비해 높아서 물가여건이 동일하더라도 우리나라의 물가상승률이 G7 등 선진국보다 높아지는 구조적 요인을 갖고 있다고 보여진다.

둘째, 우리나라는 높은 임금상승세의 영향으로 임금인상이 물가에 미치는 영향력이 다른 선진국에 비해서 높다. 다만 외환위기 이후에는 노동시장 유연화 등의 영향으로 임금상승세가 둔화되면서 임금인상이 물가에 미치는 영향력의 정도가 크게 축소되는 경향을 보이고 있다.

셋째, 우리나라 인플레이션의 변동성 크기(표준편차로 측정)는 크지만, 평균물가상승률 자체도 크기 때문에 우리나라의 물가상승변화가 선진국에 비해서 심하게 일어나고 있다고 보기 어렵다. 반면 인플레이션의 지속성*은 선진국에 비해 낮고, 변동의 순환주기도 비교적 짧은 것으

---

* Willis는 인플레이션 충격 이후 인플레이션이 정상수준으로 돌아가는 속도(speed with which inflation returns to baseline after a shock)로 정의하였다. 또 Fischer, Sahay와 Vegh 등은 국가 간 비교에서 인플레이션이 재정의 불균형에 의해 발생하여 통화정책과 인플레이션의 자체적인 동력으로 영구화되는데 이 때 인플레이션의 자체적인 동력(inflation's own dynamics)을 지속성의 개념으로 사용하였다.

로 알려져 있다. 이는 농축산물과 석유류 등 공급충격에 기인한 비용요인이 수요요인에 비해 더 크게 작용해 왔기 때문인 것으로 보인다.

이 같은 특징들에 미루어 판단하건대, 우리나라가 G7 선진국 수준의 물가안정 달성을 위해서는 다음과 같은 몇 가지 정책들이 필요할 것으로 판단된다.

첫째, 우리나라의 물가상승률을 낮추면서 인플레이션의 안정성을 제고하기 위해서는 농축산물과 에너지의 가격안정이 필요하다. 농축산물은 수급안정과 유통과정의 개선을 통해서 어느 정도 가격안정이 가능할 것으로 생각된다. 또한 국내경제의 부작용을 최소화하는 범위 내에서 WTO의 농산물개방 압력에 적절하게 대처할 경우 농축수산물의 수급 상황 뿐만 아니라 가격안정에도 큰 도움이 될 것이다. 한편 에너지소비의 합리화, 대체에너지의 개발, 에너지세율의 탄력적 조정 등 에너지가격 안정을 위한 방안을 다각적으로 검토하여 추진할 필요가 있다. 특히 우리나라는 원유 등 주요 에너지 원료를 수입에 의존하고 있어서 해외충격의 영향을 크게 받을 수밖에 없는 소규모 개방경제이므로 에너지 수급과 가격의 안정은 매우 중요한 과제라고 할 수 있다.

둘째, 우리나라는 임금상승이 물가변동에 미치는 영향력이 큰 것을 고려할 경우, 임금의 안정이 물가안정에 매우 중요한 요인이 된다. 임금의 안정이 물가의 안정으로 연결된다면, 근로자들의 과도한 임금상승 욕구 또한 억제될 수 있을 것이다. 또한 노동생산성을 초과하는 임금인상은 물가안정을 위해서 강력히 억제될 필요가 있음은 물론이다.

09 유연한 물가안정목표제

물가안정목표제 하의 중앙은행이라고 해서 인플레이션 목표치의 달성만을 위해 통화정책을 결정하지 않는다. 실제로 중앙은행이 경제성장이나 고용, 이자율, 또는 환율 등 다른 변수들에 대해서도 어느 정도 고려한다. 예를 들면 경기변동 폭 완화나 금융시장 안정을 소홀히 취급할 수 없다는 것이다. 이러한 중앙은행이 통화정책 결정에서 보이는 이런 유연성(flexibility)을 강조하기 위해서 물가안정목표제를 다른 말로 '유연한 물가안정목표제'라 부르기도 한다.

물가안정목표제 채택 초기에 뉴질랜드 등 일부 국가에서 제도 도입의 효과를 극대화하기 위해 물가안정만을 정책목표로 설정하는 '엄격한 물가안정목표제(strict inflation targeting)'를 추구한 적이 있으나 이후 모든 국가들은 중장기적인 관점에서 물가안정을 추구하되 단기적으로는 경제성장에도 유의하는 '유연한 물가안정목표제(flexible inflation targeting)'를 활용하고 있다. 즉 유연한 물가안정목표제는 중앙은행이 통화정책 결정과정에서 경제성장과 실업 등과 같은 인플레이션 이외의 다른 목표변수를 안정화하는 데 가중치를 부여할 수 있음을 의미한다. 중앙은행이 공식적으로 인정하든 아니든 오늘날 물가안정목표제를 시행하는 거의 모든 중앙은행은 유연하게 움직인다.* 그럼에도 그러한 사실을 명시적으로 밝히는 중앙은행들도 있고 그렇지 않은 중앙은행들도 있다. 예를 들어 호주, 뉴질랜드, 노르웨이, 스웨덴은 통화정책의 이행에서 실물경제를 고려한다고 솔직히 밝히는 편이다.**

사실상 물가안정목표제의 유연성은 물가안정목표제에 대한 경제주체의 신뢰성 때문에 가능하다. 인플레이션은 순간적으로 통제될 수 있는 것이 아니므로 물가안정목표제를 실시하는 중앙은행은 일정한 시간범위를 정하고, 이 시간범위 동안 인플레이션 전망치가 목표치와 일치하도록 하는 데 초점을 맞추어 인플레이션 목표를 추구한다. 그런데 이 과정에서 전망치가 목표치를 잠시 초과했다고 정책의 신뢰성이 상실되지는 않는다.

한편 중앙은행이 물가안정목표제를 유연하게 운용함에도 불구하고 경제주체들이 정책에 대해서 신뢰를 보내는 이유는 무엇인가? 그것은 인플레이션 목표를 가진 중앙은행들의 신축적인 행동이 물가안정의 측면에서도 정당화되기 때문이다. 경제성장률이나 경기변동, 환율의 안정은 인플레이션율의 안정과 매우 밀접한 관계를 갖고 있기 때문에 이들 변수의 안정이 장기적으로 보면 물가안정과 깊게 연관되어 있다는 점에

---

*   미국의 연방준비제도 의장 B. Bernanke는 진정한 의미의 물가안정목표제는 물가안정 목표라는 준칙(rule)에 의거하여 경직적으로 운영되는 것이 아니라 중기적인 물가안정이라는 전제 하에서 단기적으로 성장과 고용을 적극 도모하는 통화정책 운영체계이며 실제로 이 제도의 채택 여부와 관계없이 경제성장을 주요 정책목표로 고려하지 않는 중앙은행은 전 세계적으로 없다고 하였다.

** 중앙은행들이 이와 같은 태도의 차이를 보이는 것은 부분적으로 중앙은행이 인플레이션 안정화와 경제성장안정화 간의 상충관계의 조정을 자신들의 정책목표 결정과정에서 체계적으로 설명하기가 이론적으로도 현실적으로도 쉽지 않기 때문이라는 연구결과가 있다.

서 그러하다.

　많은 국가들이 이 같은 물가안정목표제를 도입하고 있음에도 아직 미국의 중앙은행인 연방준비제도는 물가안정과 완전고용의 달성을 추구하는 방식으로 통화정책을 운영하고 있다는 점에서 다른 나라와 구별되는 독특한 통화정책 운영체계를 유지하고 있다. 미쉬킨(F. Mishkin)은 이를 'just-do-it' 방식이라고 명명하였는데, 이 방식은 다양한 정보변수를 활용하여 미래의 인플레이션을 전망하고 이에 대응하여 선제적으로 통화정책방향을 수립한다는 점에서 물가안정목표제와 유사하나 명시적인 기준지표가 없다는 점에서 근본적인 차이점이 있다. 또한 미 연방준비제도의 경우 통화정책의 목표로서 물가안정과 함께 완전고용을 추구하고 있는 점도 물가안정을 최우선목표로 규정하고 있는 대부분의 국가들과 차이가 있다.

　그렇지만 미국의 연방준비제도가 'just-do-it' 방식에 집착하지 말고 물가안정목표제를 도입해야 한다는 주장이 그 동안 내외부에서 꾸준히 제기되어 오고 있다. 특히 2006년 3월 물가인정목표제 옹호론자인 비냉기(B. Bernanke)가 연준 의장에 취임하면서 미국에서도 물가안정목표제가 조만간 도입될 것으로 점쳐지고 있다.

　유럽중앙은행(ECB)은 1999년 1월 1일 EU 회원국으로부터 통화정책 주권을 이양받아 유로지역의 단일통화정책에 대한 책임을 부여받으면서 소위 '안정지향적 통화정책전략(a stability-oriented monetary policy strategy)'이라는 통화정책 운영체계를 수립하였다. 유럽중앙은행은 물가안정을 유로지역의 종합소비자물가지수(HICP: harmonized index of consumer prices) 상승률이 2% 이내, 그러나 이에 접근하는 수준(below but close to

2%)에서 유지되는 것으로 정의하였다. 이와 같이 물가안정을 구체적인 수치로 정의하여 공표한 목적은 장기 인플레이션에 대한 기대가 낮은 수준에서 형성되도록 함으로써 개별 경제주체들의 합리적 의사결정을 유도하고 이를 통해 통화정책의 유효성을 높이기 위한 데 있다. 또한 통화정책의 투명성을 높이고 일반에게 유럽중앙은행의 성과를 평가할 수 있는 척도를 제공하는 데 그 목적이 있다.

10　중앙은행의 독립성과 인플레이션

당신이 한 나라의 헌법과 법률을 제정하는 책임을 맡고 있다고 하자. 당신은 대통령에게 중앙은행 정책에 관한 권한을 부여하겠는가? 그렇지 않다면 중앙은행이 그런 정치적 영향력에서 벗어나 자유롭게 결정을 내리도록 할 것인가? 다시 말해, 금융정책이 규칙이 아니라 자유재량으로 결정된다고 할 때 누가 그 자유재량권을 행사할 것인가?

이 물음에 대한 대답은 각국의 상황에 따라 매우 다를 것이다. 일부 국가에서 중앙은행은 정부의 한 기관일 뿐이지만, 다른 국가에서 중앙은행은 정부로부터 거의 독립되어 있다. 미국의 경우 연방준비은행 총재들은 14년 임기로 임명되며 대통령이 그들의 결정이 불만족스럽더라도 해임하지 못한다. 이런 제도적 구조 때문에 연방준비제도 이사회는 대법원과 유사한 정도의 독립성을 유지할 수 있다.

많은 연구자들이 구조적 행태가 금융정책에 미치는 영향을 검토하였다.* 이들은 각국 간의 구조적 형태의 차이를 지수화하여 구별하려고 시

---

* Alberto Alesina and Lawrence H. Summers, "Central Bank Independence and Macroeconomic Performance: Some Comparative Evidence," *Journal of Money, Credit and Banking* 25 (May 1993): pp.151~161와 Marta Campillo and Jeffrey A. Miron,

도하였다. 이 지수는 은행장의 임기, 은행이사회에 대한 정부관리의 역할, 정부와 중앙은행의 접촉빈도, 중앙은행 총재의 교체빈도 같은 다양한 특성에 기초하여 작성되었다. 연구자들은 이를 이용하여 중앙은행의 독립성과 거시경제 성과의 상관관계를 검토하였다. 거시경제 성과를 나타내는 지표로는 인플레이션율, 인플레이션의 변동성, 경제성장률, 경제성장률의 변동성, 실업률 등이 포함되었다.

이 연구결과는 놀라운 사실을 보여주고 있다. 즉 중앙은행이 독립적일수록 인플레이션이 낮고 안정적인 경향을 나타낸다. 각국에 있어 중앙은행의 독립성과 인플레이션 간의 연관관계를 조사한 결과, 1955년부터 1988년까지의 기간 동안 중앙은행의 독립성과 평균 인플레이션 간에는 높은 상관관계를 보여주고 있다. 독일, 스위스, 미국 같이 중앙은행의 독립성이 강한 국가들의 인플레이션은 낮은 경향이 있다. 반면, 뉴질랜드나 스페인 같은 중앙은행의 독립성이 약한 국가들은 상대적으로 높은 평균 인플레이션을 유지하고 있다.

또한 중앙은행의 독립성과 실질 경제활동 사이에는 관계가 없다는 점이 발견되었다. 특히, 중앙은행의 독립성은 평균실업, 실업의 변동, 실질 GDP의 평균성장, 실질 GDP의 변동과는 큰 상관이 없다. 중앙은행의 독립성을 유지할 경우 무료식사를 국가에 제공할 수 있다고 가정하자. 이 같은 예에서처럼 중앙은행의 독립성은 어떤 비용을 발생시키지 않으면서도 인플레이션을 낮추는 혜택을 누릴 수 있다. 이런 연구 결과로 인

"Why Does Inflation Differ Across Countries?" in Christina D. Romer and David H. Romer, eds., *Reducing Inflation: Motivation and Strategy*(Chicago: University of Chicago Press, 1997): pp.335~362 등을 참조.

해서 뉴질랜드 같은 일부 국가들은 중앙은행에 더 큰 독립성을 부여하기 위해 법률을 개정하였다.

중앙은행의 독립성과 낮은 인플레이션이 높은 상관관계를 보인다는 연구결과에 대해서 비판적 견해도 존재하고 있다.

이런 비판 중에 하나는 독립성을 지수화하는 과정에서 연구자 자신의 자의적인 요소가 너무 많이 개입되므로 기존의 연구결과 또한 자의적으로 해석될 여지가 너무 많다는 것이다.* 또 나라마다 정치적 안정, 정부의 재정정책 기조, 금융의 발달정도, 은행의 재무상태 등에서 현격한 차이가 있음에도 이 같은 다양한 요소들을 모두 무시한다는 것이다. 또한 연구자 자신이 자의적으로 만든 중앙은행 독립성 지수화 지표와 인플레이션 간의 상관관계를 계산한 결과로만 이 두 변수들의 관계를 단순하게 결론내기에는 부족한 점이 너무 많다는 것이다. 따라서 몇몇 선진국의 연구결과를 일반화해서 개발도상국을 포함한 모든 국가로 이 결과를 확대 적용하는 것은 무리라는 것이다.

또 다른 비판 중의 하나는 중앙은행의 독립성과 낮은 인플레이션 간의 높은 상관관계를 중앙은행의 독립성이 높으면 인플레이션이 낮아진다는 결론으로 해석하는 일은 잘못된 것일 수도 있다는 점을 지적한다.** 예로 선진국에서는 인플레이션 덕분에 중앙은행의 평판이 개선되고 다

---

* Ignacio Mas, "Central Bank Independence: A Critical View from a Developing Country Perspective," Policy Research Paper, No. 1356, World Bank.(September 1994)

** Alex Cukierman, Steven Webb, and Bilin Neyapti, "The Measurement of Central Bank Independence and its Effect on Policy Outcomes," NBER Conference on Political Economics.(November, 1991)

시 그 덕분에 중앙은행의 독립성 신장을 위해 노력할 수 있는 반면, 개발도상국에서는 중앙은행의 독립성이 낮아 높은 인플레이션이 초래되고 이는 다시 독립성을 더욱 훼손한다고 해석할 수도 있다는 점을 지적한다.

11 디노미네이션

　　디노미네이션(denomination)*은 본래 화폐단위의 호칭을 뜻하지만, 경제에서는 화폐 호칭단위의 절하라는 의미로 쓰인다. 한 나라의 화폐를 가치의 변동 없이 모든 은행권 및 지폐의 액면을 동일한 비율의 낮은 숫자로 표현하거나 이와 함께 새로운 통화단위로 화폐의 호칭을 변경시키는 조치를 말한다. 예를 들면 100원을 1환으로 하는 것 등이 그것이다. 이 경우 절하 전의 화폐단위의 호칭과 절하 후의 화폐단위의 호칭을 구별하지 않으면 혼동되기 때문에 구원舊圓, 신원新圓(예를 든다면 화폐단위의 명칭을 원에서 환으로 변경하는 경우, 구원은 원이 되며 신원은 환이 된다.) 등의 명칭을 쓰는 것이 일반적이다.

　　디노미네이션은 통화의 가치를 절하하는 평가절하와는 전혀 다르며 화폐단위로 표시되는 물가·임금·채무채권액 등의 경제변수들 간의 관계는 변하지 않고 다만 모든 금액이 일률적으로 단위가 바뀌어지는 데 불과하다. 따라서 다소의 심리적인 영향을 제외하면 실질적으로는 아무런 영향도 없다고 볼 수 있다.

---

* 이 용어에 대해서 한국은행은 "디노미네이션은 화폐·채권·주식 등의 액면금액을 의미하기 때문에 화폐단위 변경을 영어로 표현하려면 '리디노미네이션(redenomination)' 또는 '디노미네이션의 변경'이라는 표현을 사용하는 것이 정확하다"고 밝힌 바 있다.

일부 선진국의 경우 경제의 안정적 성장의 기반 위에 자국통화의 대외적 위상을 제고할 목적으로도 디노미네이션을 실시하고 있으며 과거 중남미 국가의 급격한 인플레이션 과정에서 국민들이 인플레이션 기대심리를 억제할 목적으로 실시된 경우도 있다. 우리나라의 경우도 디노미네이션을 두번 실시를 한 경험을 갖고 있다.* 1953년도에 100분의 1로 절하하는 한편 원을 환으로 바꾸어 시행했으며, 이를 다시 1962년 박정희 대통령 시절 10분의 1로 절하하는 한편 다시 환을 원으로 바꾸는 통화개혁을 시행한 적이 있다.**

디노미네이션의 좋은 점이라면 화폐단위가 작아져서 회계나 계산이 간편해지고 해외거래 시의 외환과의 환율에 따른 금액산정이 간단해진다. 이러한 효과는 당장에 큰 효과는 없지만 장기적인 관점에서는 상당한 비용을 절감할 수 있다. 게다가 우리나라의 경우 그 동안 통화가치가 너무 떨어진데다가 위조방지 등을 위해 고액권과 새로운 화폐를 발행해야 하는 시점에 와 있다. 디노미네이션을 하게 되면 이러한 작업도 동시

---

* 한국은 6·25동란 와중인 1950년과 53년 및 1962년 등 세 차례에 걸쳐 화폐개혁을 단행했다. 이 중 1953년과 62년에는 화폐단위를 일정비율로 떨어뜨리는 디노미네이션이 병행됐다. 1950년 8월의 화폐개혁은 전쟁 중 북한군이 탈취한 돈의 통용을 막기 위해 취해진 조치였으며, 이에 반해 1953년 2월에 실시된 화폐개혁은 인플레이션을 억제하기 위한 것으로 1백대 1의 액면절하 조치와 함께 예금의 인출과 담보제공이 일정 기간 금지됐다. 1962년 6월 통화개혁은 과잉 유동성 흡수를 통한 인플레이션 억제와 장롱 속 현금이나 검은 돈의 산업자금화가 목적이었다. 기존의 화폐단위인 '환'이 '원'으로 바뀌었고 10대 1의 디노미네이션도 이뤄졌다. 또 구 화폐와 수표·어음은 금융기관 예치가 의무화되고 이 중 일부는 인출이 봉쇄됐다.

** 그 결과는 통화조치의 후유증으로 유통구조가 마비되고 이에 따라 중소기업을 중심으로 산업활동이 크게 위축되는 등 제반 경제상황의 급격한 악화로 예금봉쇄의 완화조치가 불가피하였다. 이에 따라 그 해 7월 13일 『긴급통화조치법에 의한 봉쇄예금에 대한 특별조치법』을 공포하여 봉쇄예금의 1/3은 자유계정(自由計定)으로 나머지 2/3는 1년 만기의 특별계정(연리 15%)으로 각각 전환시키고 동 특별 정기예금도 금리를 포기하고 중도해약을 하면 언제든지 인출이 가능하도록 조치함으로써 봉쇄계정의 동결을 사실상 전면 해제한 결과를 초래하였던 경험이 있다.

에 진행 가능하므로 따로 실행할 경우에 비하여 많은 비용을 절약할 수 있다. 물론 급격한 인플레이션이 있을 경우 이를 방지하는 효과도 있다. 과거의 화폐개혁은 인플레이션 방지목적이 컸지만 현재는 급격한 인플레이션이 발생하고 있는 상태가 아니므로 이러한 효과를 기대하기는 사실상 어렵다. 여기에 정치자금과 같은 비밀스런 지하 퇴장자금 등을 양성화하기 위한 부수적 효과를 노리고 실시되기도 한다.

반대로 나쁜 점으로는 새로운 화폐발행에 따른 화폐제조비 및 현금처리 자동화기기 대체, 교환에 따른 비용 등이 발생하므로 수 조원 단위의 비용을 필요로 한다. 특히 이러한 변환 중 문제가 발생할 경우 경제적으로 큰 혼란이 발생할 위험도 부담해야 한다. 게다가 인플레 기대심리를 자극할 우려도 있다. 예로 10만원 하던 물건이 12만원으로 오른다 하면 사람들의 심리적 저항감이 크지만, 이것을 1,000분의 1로 디노미네이션 한 결과 100환 하는 물건을 120환으로 올린다고 하면 심리적 저항감이 낮아질 수도 있다. 숫자의 크기가 작아지기 때문이다. 또 예로 48.7환인 경우 거래 편의를 위해 50환으로 인상되는 등, 물건가격에서 우수리 절상 등에 의한 물가상승 요인 등도 내재하고 있다. 결국 인플레이션을 유발할 가능성이 그만큼 커지는 것이다.

결국 장단점을 따져보아서 결정을 해야 하는데 이에 대한 이해관계가 매우 복잡하게 얽혀있다. 찬성 쪽의 주장은 어차피 언젠가는 해야 할 일인데 지금하자는 쪽이고 반대쪽은 경제도 어려운데 비용도 크고 혼란을 가져올 수 있는 일을 왜 지금 하느냐는 주장이다. 결국 어느 쪽이 일방적으로 옳다고 말하기 어려운 상태이다.

12 물가와 환율제도

환율제도는 크게 고정환율제도(pegged exchange rate system)와 변동환율제도(floating exchange rate system)로 구분된다. 어떤 환율제도가 더 우수한 제도인지에 대해서는 전문가들 사이에서도 의견의 일치를 보지 못하고 있는 실정이다. 많은 무역실무 관계자들은 환율을 고정시키는 것을 선호하는 반면, 경제학자들 및 국제금융종사자들 간에는 변동환율제도를 선호하는 경향이 우세하다.

이와 같이 환율제도의 선택에 있어서 의견의 일치를 보지 못하는 이유는 각 환율제도마다 장단점이 있으며, 경제 여건에 따라 선택기준이 달라지기 때문이다. 사실, 고정환율제도의 장점은 바로 변동환율제도의 단점이 되고, 고정환율제도의 단점은 바로 변동환율제도의 장점이 된다는 점을 염두에 두어야 한다.

고정환율제도를 선택하는 이유 중의 하나는 변동환율제도 하에서는 인플레이션이 발생할 가능성이 크다는 것이다. 반면 변동환율제도를 택하는 이유는 고정환율제도 하에서는 디플레이션이 발생할 가능성이 크기 때문이다.

고정환율제도 하에서는 국제수지 불균형을 해결하기 위해, 적자국의 경우에는 수입수요를 줄이기 위한 디플레이션정책을 사용하게 되며, 흑자국의 경우에는 인플레이션정책을 사용하거나 혹은 국제유동성을 계속 축적하여 외환보유고가 계속 증가할 것이다.

그러나 국제수지 불균형에 대한 적자국과 흑자국의 입장이 언제나 대칭적이 될 수는 없다. 흑자국의 경우에는 경제적인 비용은 따르겠지만 국제수지 흑자를 계속 축적시킬 수 있는 반면, 적자국의 입장에서는 국제유동성을 모두 소비하게 되면 외환보유고의 부족으로 인해서 결국 긴축수요정책을 사용해 수입을 줄이도록 해야 할 것이다. 결국 국제수지 적자국은 대외균형을 회복하기 위해 디플레이션정책을 쓰지 않을 수 없으며, 물가상승에 따른 국제경쟁력 약화를 막으려고 노력하게 될 것이다.

물론 기축통화국인 미국의 경우는 달러가 국제유동성으로 사용되기 때문에 예외적으로 상당기간 국제수지 적자를 누적시킬 수 있다. 그러나 이 경우에도 계속되는 미국의 국제수지 적자는 달러가치를 하락시키게 되어, '유동성 증대'와 '신뢰도 확보'라는 상호 모순 되는 문제점을 안고 있다. 결국 유동성 딜레마(liquidity dilemma)*를 가져오게 되고 달러가치를 유지하는 데도 한계가 따르게 된다.

---

* 국제유동성은 국제무역의 증대에 따라 적정하게 공급되어야 하는데, 브레튼우즈 체제 하에서 국제유동성 공급은 금의 생산증대나 미국의 국제수지 적자를 통한 방법밖에 없었다. 금의 생산량 증가에는 한계가 있기 때문에 주로 미국의 국제수지 적자를 통해 유동성이 공급되었는데, 이 경로를 통한 유동성 증대는 달러화의 신뢰도를 떨어뜨리는 부작용을 가져왔다. 이같이 브레튼우즈 체제는 '유동성 증대'와 '신뢰도 확보'라는 상호 모순 되는 문제점을 안고 있었는데, 이를 '유동성 딜레마(liquidity dilemma)' 또는 '트리핀의 딜레마(Triffin's dilemma)'라 부른다.

그러나 변동환율제의 경우, 적자국이 국제수지 불균형을 조정해야 할 압력이 상대적으로 적기 때문에 대내균형의 달성을 위한 팽창적 수요관리정책을 계속 추구해 인플레이션을 유발할 가능성이 커지게 된다.

만약 인플레이션의 수습보다 완전고용에 정책의 우선순위를 두는 국가에서는 팽창적 수요관리정책을 사용해 실업을 줄이는 경제정책에 중점을 둘 것이고, 그에 따른 국제수지 악화를 우려해 고정환율제도보다는 변동환율제도를 선호하게 될 것이다. 반면에 실업의 퇴치보다 인플레이션의 치유에 정책의 우선순위를 두는 국가에서는 고정환율제도를 택하면서 가격의 상승을 억제해 대외경쟁력을 유지하려 할 것이다.

이 경우 고정환율제도와 변동환율제도의 상대적 우위성에 대한 논의는 '실업'과 '인플레이션'에 대한 가치판단에 의해 결정될 것이다.

현실세계에서 변동환율제도가 실제로 인플레이션을 더 많이 유발하는지의 여부는 아직도 미해결된 문제이다. 그러나 실제로 많은 국가들이 관리변동환율제도로 이행한 1970년대에 두 차례에 걸친 오일파동이 각국의 인플레이션을 고조시켰다는 점 또한 간과해서는 안 될 것이다.

13 통화위원회제도

통화위원회제도(currency board system)는 엄격한 고정환율제도의 한 형태이다. 이 제도는 일정한 환율에 의해 자국통화를 외국통화(주로 미달러화)와 언제나 교환할 수 있도록 법적으로 보장한다. 따라서 중앙은행이 자의적으로 통화를 늘리지 못하며[*] 외환보유액 규모에 따라 통화량이 결정된다. 이 제도는 통화공급을 엄격히 통제함으로써 단기간에 경제주체들의 인플레이션 기대심리를 낮출 수 있는 장점을 가지고 있다. 그러나 통화정책의 주권 상실, 투기적 공격에의 취약성과 같은 문제는 여전히 남아 있다.

통화위원회는 원래 유럽지배 하의 해외식민지에서 발생하였다. 이 제도를 채택함으로써 식민지는 효과적으로 식민지배 당국이 통화정책을 집행할 수 있게 해주었으며, 동시에 모국에게 식민지의 화폐수요로부터 발생하는 통화발행차익[**]을 독점할 수 있게 해주었다. 영국 식민지였던

---

[*] 정부가 채권을 발행해 중앙은행에 인수시키고 화폐를 받아 재정적자를 발생시키는 과정에서, 통화위원회는 채권을 보유할 수 없고, 화폐를 초과 발행할 수 없다는 점에서 재정적자가 차단된다. 이 경우 정부는 재정적자를 위해서는 직접 채권을 발행해 매각하거나 전년도 이월 흑자를 이용할 수밖에 없다. 초인플레이션은 항상, 어디서나 재정적 현상이라고 알려져 있는 이상, 재정적자의 억제는 건전성에 도움이 된다.

[**] 통화발행차익(seingniorage)은 화폐발행가액에서 화폐발행단가를 차감한 값으로 계산한다. 만원짜리 한 장을 찍으면서 300원이 소요되면 중앙은행은 9,700원의 이익을 얻는다.

홍콩은 비록 브레튼우즈 체제가 붕괴한 후에 파운드화로부터 미국 달러로 기축통화를 변경하였지만 이런 이유로 만들어진 통화위원회 제도를 아직까지 가지고 있다.

통화위원회제도의 대표적 사례는 아르헨티나에서 찾아볼 수 있다. 아르헨티나는 1980년대 중 1,000%를 넘는 초인플레이션을 경험한 이후 물가폭등의 악순환을 끊기 위하여 1991년 4월 '통화태환법(Convertibility Law)'을 제정, 1페소-1달러의 교환을 보장하는 통화위원회를 도입하였다. 초인플레이션 경험이 있던 아르헨티나가 앞으로 더 이상 인플레이션을 가져올 정책을 결단코 사용하지 않을 것이라고 회의적인 외부세계를 설득하기 위한 방법으로 통화태환법을 공표하였던 것이다. 이 제도를 도입한 이후 아르헨티나는 빠른 속도로 호전되었다. 1990년 800%를 넘던 물가상승률이 1994년 5% 이하로 떨어졌으며 대외 신인도 회복에 외국인투자도 활발히 이루어짐으로써 1990년 1%에도 못 미쳤던 외국인투자의 명목GDP에 대한 비율이 11%까지 상승하였다.

그러나 1994년말 발생한 멕시코의 페소화 위기를 계기로 동 제도의 취약성이 드러났다. 외환위기 전염가능성을 우려한 예금자들이 은행에서 자금을 인출하여 미달러화로 교환함에 따라 통화량이 크게 줄었으나, 외환보유액도 함께 줄었기 때문에 통화공급을 늘릴 수 없어 극심한 경기침체가 초래되었다. 1995년 GDP성장률은 -5%를 기록하였고 실업률도 15%를 넘어섰다. 이후 아르헨티나 경제는 차츰 회복되었으나 1999년 초에 발생한 브라질 금융위기로 또 한 차례 어려움을 겪게 되었다. 브라질이 1994년부터 유지해 왔던 크롤링 페그*를 포기하고 1999년 1월 18일

---

* 크롤링 페그(crawling pegs)는 단기적으로 고정환율을 유지하되, 그 고정환율 수준의 주기적

변동환율제도로 이행함에 따라 브라질 헤알화는 1월 12일~25일 중 32% 가량 평가절하 되었다. 그러나 아르헨티나의 페소화는 1달러 1페소의 환율을 유지하고 있었기 때문에 아르헨티나는 브라질에 비해 수출가격 경쟁력이 크게 저하되었으며 이는 경상수지 적자폭의 확대로 이어졌다.

이렇게 어려움이 반복되자 국제금융시장에서는 아르헨티나가 과연 통화위원회제도를 유지할 수 있을지가 관심사항으로 떠올랐다. 아르헨티나는 1999년 이후 3년간 마이너스 성장이 지속되고 경상수지 적자폭도 더욱 커짐에 따라 2002년 1월 기존의 통화위원회제도를 폐지하고 변동환율제도로 이행하였으며 이후 페소화가 급격히 평가절하되고 물가가 급등하는 등 극심한 경제혼란을 겪었다. 그러나 2003년 이후 정치적 안정과 함께 각종 경제개혁조치에 힘입어 실물경기가 회복세를 나타내는 가운데 물가와 페소화가치도 안정되었다.

통화위원회제도는 아직도 에스토니아(도입연도 1992년), 리투아니아(1994년), 불가리아(1997년), 보스니아(1998년) 등 일부 국가에서 시행되고 있다. 과거 소련 지배에 있던 수십년 동안 통화정책의 기록이 없던 이들 국가들은 독립 후 통화위원회를 만듦으로써 저인플레이션 국가라는 평판을 쌓고자 하였다.

그러나 높은 인플레이션 유산을 지닌 나라들은 통화위원회를 유지하겠다고 아무리 엄숙하게 약속하더라도 환투기로부터 자동적으로 보호

소폭 조정을 허용하는 환율제도를 말한다. 이 때 주기적 조정은 미리 공표한 고정환율 수준에 맞추어 행해질 수도 있고, 주요 교역국과의 인플레이션 격차와 같은 지표를 미리 정해 놓고 이 지표가 변동함에 따라 행해질 수도 있다.

를 받지는 못할 것이다. 홍콩이 오래도록 유지하고 있는 달러에의 연동도 아시아위기 동안 투기꾼들로부터 맹렬히 공격받았으며, 결국 대단히 높은 이자율과 극심한 경기침체를 피할 수 없었다. 통하위원히는 이 제도를 채택한 나라들이 투기적 공격에 경제를 취약하게 만드는 경직적인 노동시장, 취약한 금융제도와 불안한 재정과 같은 경제적 약점을 고치겠다는 정치적 의지를 가지고 있을 때만 신뢰성을 가져올 수 있다.

14 달러화 통용제도

달러화 통용제도(dollarization)는 환율목표제의 가장 극단적인 형태로서 자국의 통화를 포기하고 미 달러화를 법화法貨로 사용하는 것이다. 즉 달러와 같이 강한 화폐를 한 국가의 화폐로 채택하는 것을 말한다. 결과적으로 보면 이미 진행 중인 인플레이션에 대항하는 가장 강력한 정책수단의 하나라고 할 수 있다. 이 제도를 채택하게 되면 자국 통화정책에 대한 독자적 통제권을 완전히 포기하는 셈이 된다.

파나마는 이미 1904년부터 이 제도를 운용하고 있으며, 2000년 3월에 콰도르가, 2001년 1월 엘살바도르가 이를 도입했다. 1999년 초 브라질의 금융위기 시 아르헨티나가 기존의 통화위원회제도 대신 이 제도의 도입을 검토한 바 있으며 코스타리카도 관심을 가지고 있는 것으로 알려져 있다. 현재는 9개국이 이 제도를 채택하고 있다.

달러화 통용제도 역시 고정환율제의 일종이기 때문에 고정환율제가 갖는 장점, 즉 물가안정, 대외신인도 상승 등을 향유할 수 있다. 반면 국내 통화주권의 포기로 인해 경기나 금융시장 상황에 능동적으로 대처하지 못할 뿐 아니라 정치·경제적으로 미국에 예속될 가능성이 높아진다.*

---

* 미국은 1988년 노리에가 장군에 대한 정치적 보복으로서 파나마에 대하여 달러화 공급을 제한

가장 중요한 단점으로 지적되는 것이 화폐주조차익(seigniorage)*의 상실이다. 화폐주조차익 또는 시뇨리지란 생산비용이 거의 들지 않는 화폐를 높은 가치에 유통시킴으로써 중앙은행과 정부가 얻는 이익을 말한다. 그런데 달러화를 법화로 사용하게 되면 이런 이익을 포기해야 하므로 이로 인한 정부의 재정수입 감소를 세금인상으로 충당해야 하는 문제가 있다. 그러나 이 같은 일은 가난한 국가에게 항상 쉬운 일이 아니다. 달러화 통용제도 도입을 확산시키기 위해 미국이 얻는 시뇨리지 수입의 일부를 이 제도를 도입한 나라에 배분하자는 논의가 미국의 일부 정치인과 경제학자들 사이에서 제기되기도 하였다.

에콰도르는 1999년 들어 경기침체, 초인플레이션, 금융시스템의 불안정 및 브래디 채권** 등 일부 대외채권에 대한 지급불능 등으로 총체적인 어려움을 겪었다. 이에 자밀 마후아드(Jamil Mahuad)대통령은 환율안정과 인플레이션 억제 그리고 대외신인도 회복을 목적으로 2000년 1월 9일 경제개혁 프로그램을 발표하였는데 그 가운데 달러화 통용제도의 도입이 포함되었다.

한 사례가 있었다.
* 단순하게 설명하면 주조비용이 10밖에 들지 않는 화폐의 유통가치가 100이라면 나머지 90이 화폐주조차익(seigniorage)이라고 할 수 있다.
** 1980년대 초 멕시코, 아르헨티나, 브라질 등 남미국가들이 외채 상환불능 상태에 빠지자 니콜라스 브래디 前미국재무부장관이 1989년 미국계, 일본계, 유럽계 은행들이 빌려준 돈을 받을 수 있게 하기위해 고안해낸 채권을 말한다. 남미국가들이 중앙은행, 수출입은행들이 진 빚을 모두 모아 국채형태인 브래디채권을 발행, 이자와 원금지급 조건을 재구성한 것이다. 원금을 통째로 떼이느니 상환기간을 25~30년으로 늘려 이자율도 낮춰줘 남미국가들을 회생시키고 빌려준 돈을 거둬들이자는 의도가 깔려있었다. 이후 브래디채권은 남미국가들 외에도 저개발 국가들도 많이 발행했으나 현재 신규발행은 점차 줄고 있다. 이들 국가들의 경제가 점차 개선되고 있기 때문이다. 유일하게 베트남, 페루가 이 채권을 발행할 예정이다. 이 채권은 만기가 길고 발행국가의 정치·경제·사회적 변수로 가격 변동이 심해 투자리스크도 크지만 그만큼 투자수익률은 높다.

많은 사람들이 달러화 통용제도에 찬성하였으나 노조와 농업에 종사하는 인디언 원주민들은 가격상승에 대한 우려 때문에 이를 격렬히 반대하였다. 급기야는 수천 명의 인디언들이 군인들의 도움으로 국회건물을 점거하고 1월 21일 국민해방군사정부를 수립하여 마후아드 대통령을 축출하기에 이르렀다. 통화제도 변화가 정변으로까지 발전했던 것이다. 그러나 미국의 압력으로 1월 22일 부통령이었던 구스타보 노보아(Gustavo Noboa)가 대통령으로 취임하면서 군사정부는 해체되었다.

신임 노보아 대통령은 전임 대통령의 경제개혁프로그램을 계속 추진하였는데 국회는 2월 29일 달러화 통용제도 실시를 포함한 경제개혁법안을 통과시켰다. 이후 에콰도르 통화의 달러전환과정은 비교적 순조롭게 진행되어 9월에 모든 통화가 달러로 대체되었다.

달러화 통용제도를 실시한 2000년 에콰도르 경제는 전년에 비해 크게 개선되었으며, 이후에도 안정적인 성장을 이어가고 있다. 이러한 성과는 유가상승 및 기술적 반등에도 기인하였지만 달러화 통용제도 실시에 따른 국민의 신뢰회복이 크게 기여한 것으로 평가되고 있다. 그러나 달러화 통용제도의 장기적인 성공 여부는 현재 진행 중인 통신·전기산업의 민영화, 석유산업의 민간자본 참여, 은행 및 세제개편 등 여타 부문의 개혁 성패에 크게 달려 있다고 하겠다.

2005년 인도네시아에서도 자국화폐인 루피화 대신에 달러화를 법정통화로 지정하는 달러화 통용제도를 검토한 바가 있다. 이는 인도네시아의 중앙정부가 늘어나는 재정적자를 줄이지 못함으로써 루피화의 가치가 심각한 수준으로 폭락함에 따라서 제안되었다. 그러나 2001년 아르헨티나는 달러화 통용제도의 도입에도 불구하고 지급불능(디폴트)을 선언한 바가 있다는 점이 이 제도도입에 대한 회의론을 불러왔다. 또한 이라크 전쟁에 반대하는 이슬람 사람들이 대다수를 차지하는 인도네시아가 달러화 통용제도를 채택하는 것은 정치적으로도 용납되지 않았다. 그러나 이미 달러는 비공식적으로 인도네시아의 통화로 사용되고 있다. 인도네시아에 거주하는 외국인들은 숙박 및 교육비를 달러로 지불한다. 여행사들도 요금을 달러로 추산하고 있는 실정이다.

| 저자소개 |

홍 완 표

인제대학교 국제경상학부 교수/ 경제학 박사

■ 주요경력

서울대학교 사회과학대학 경제학과 (경제학사)
서울대학교 대학원 경제학과 (경제학석사, 박사)
미국, Univ. of California, San Diego, visiting scholar
캐나다, Univ. of British Columbia, 아시아연구소, visiting scholar
인제대학교 교무처장 역임
인제대학교 인문사회과학대학 학장 역임
현재 인제대학교 인문사회과학대학 교수

■ 주요저서

경제경영수학, 형설출판사, 1998년.
기업민주주의와 기업지배구조(공저), 백산서당, 2002년.
공학도를 위한 경제와 경영학(공저), 인제대학교 출판부, 2006년.
새로운 경제학원론(공저), 진영사, 2006년.
금리의 경제학, 신론사, 2008년 외 다수.

물가의 경제학 값14,000원

2009년 8월 21일 초판인쇄
2009년 8월 24일 초판발행

저 자   홍 완 표
발행인   리 재 영
발행처   新論社
등록번호 제10-308호(1989.3.4)

판매처   새문사
등록번호 제1-273호(1977.9.19)

주소 : 서울시 마포구 용강동 494-80
전화 : (02)715-7232(代), 717-7235, Fax : (02)715-7235
E-mail : sinlon@saemoon.co.kr
website : www.saemoonbook.com
ISBN : 89-7411-259-2 93320